콤플렉스
프리즘

コンプレックス・プリズム

KB207936

콤플렉스 프리즘

사이하테 타히 지음 · **정수윤** 옮김

위즈덤하우스

들어가며

열등감을 느낀다는 건, 다른 누가 나보다 뛰어나다고 생각해서일까? 이상적인 누군가와 몸을 바꿀 수 있다면, 기꺼이 그렇게 하겠다는 뜻일까? 난 너무 부족해. 그렇게 스스로에게 상처 준 셈치고는, 있는 그대로의 나를 사랑하고 있고, 이런 나를 인정해주지 않는 세상을 원망한 적도 있다. 열등감, 콤플렉스. 그런 말을 입에 담을 때마다 필요 이상으로 상처받는 기분이 든다. 차라리 열등감이니 콤플렉스니 하는 말들을 모조리 뺀 상태가 본래의 나인지도 모른다. 콤플렉스 프리즘. 일부러 상처를 내어, 불투명해진 나의 구석구석을, 빛에 비추어본다. 거기 보이는 빛에 대하여, 지금 여기에 쓰고자 한다.

차례

• **일러두기**
　본문의 각주는 모두 역자 주다.

천재라고 믿었다

열세 살.

분야는 확실치 않아도, 나는 내가 천재라고 믿었다. 자신감이라기보다는 인간으로 태어나 세상을 직시하며 살기 위해 꼭 필요한 '구실'이었다고 지금은 생각한다. 당시 나에게는 아무것도 없었다. 올림픽을 목표로 할 만큼 몰두한 스포츠도 없었고, 변호사가 되겠다며 맹렬히 공부하는 친구에 비하면 장래에 무얼 하겠다는 생각도 없었다. 혹여 있더라도 그 목표를 위해 지금을 불태우자고 생각하지도 않았다. 평범한 열세 살이었고, 세상이 인정할 만한 결과물을 낸 적도 없을뿐더러, 무언가에 미쳐서 노력해본 적도 없었다. 나라는 존재, 나라는 아이덴티티가 미래로 이어져 있다는 생각이 들지 않았다. 그저 그날의 숙제를 하고, 수업을 듣고, 달리고, 친구와 잡담을 나누며 하루를 보냈다. 미래의 나를 위해 아무런 행동도 하지 않았다. 평범한 열세 살이었지만, 평범하다는 말이 무슨 위로가 될까. 스포츠나 바둑이나 공부나 예술, 그런 일들에 몰두하면서, 이 길로 끝까지 한번 가보자고 작심한 또래 친구들이 눈부셨다. 노력이 필요하다면 얼마든지 할 수 있었다. 하지만 무슨 노력을 어떻게 해야 할지 알 수 없었다. 좋아하는 일은 이것저것 많았지만, 이 길이다, 이 길로 끝까지 가자, 그런 일은 없었다. 그럼에도 불구하고, 나는 내가 천재라고 믿었다.

이 믿음에는 의미가 있었다. 내 멋대로 내린 결론이지만, 무언가를 만들어내는 사람들은 자기가 천재라고 믿는 경우가 많지 않을까. 그렇지 않고서야 이토록 다양한 재능과 작품으로 넘쳐나는 세상에서 무언가를 새로 만들겠다는 생각은 하지 못하리라. 나는 그랬다. 내가 쓰지 않아도 명작은 이미 많잖아. 내가 노래하지 않아도 명곡은 이미 차고 넘친다. 인터넷에 들어가면 재미있는 생각을 하는 사람들로 가득하고, 그 사람들을 좇는 것만으로도 인생은 충분히 알차게 끝나리라. 그럼에도 나는 무언가 만들고 싶었고, 그런 생각을 할 수 있었던 건 아무 근거 없이 내가 '천재'라고 믿었기 때문이다. 이시이 유야 감독*과 라디오에서 대담을 나눴을 때, 자연스럽게 자기가 천재라고 생각했던 시절에 대한 이야기가 나왔다. 이시이 감독에게도 그런 시기가 있었고, 무엇보다 그런 이야기를 당당하게 나눌 수 있어서 기뻤다. 세상과 나를 잇는 다리가 생긴 기분이 들어 안심이 되었다. '천재', 이 말은 내가 앞으로 돌진하기 위해 반드시 필요했다. 바보 같지만 바보처럼 그렇게 믿은 나를 지금은 칭찬해주고 싶다. 꾸준히 바보 같았던 그 용기를 껴안아주고 싶다.

　바보 같은 소리라는 건 처음부터 알고 있었다. 자기를 천

★ 사이하테 타히의 시집 『밤하늘은 언제나 가장 짙은 블루』를 재구성한 영화 〈도쿄의 밤하늘은 항상 가장 짙은 블루〉의 감독.

재라고 믿는 것부터가 오만한 일이었고, 그런 내가 부끄러워 견딜 수가 없었다. 사람들에게 들킬까 전전긍긍하면서, "자존심이 세 보여" 같은 말을 들으면 울고 싶을 정도로 상처받았다. 하지만 지금은 오히려 내가 본 '세상' 그 자체가 오만했다고 생각한다. 완성된 세계, 서점이나 음반 가게에 가면 훌륭한 것들을 쉽게 손에 넣을 수 있고, 텔레비전을 켜면 재능이니 천재니 하는 말이 범람한다. 최연소 수상이며 첫 경기 우승 같은. 나의 눈동자에는 세상이 '인정받은 사람'으로만 구성되어 있는 것처럼 비쳤다. 나 같은 건 없어도 되는 세상. 그런 건 처음부터 알고 있었지만, 재능, 천재, 최연소, 그런 말까지 써가며 세상은 오만할 정도로 나를 흔적도 없이 지우려 하고 있었다. 그래도 나는 살아야 했다. 그러니 어떻게든 내가 특별하다고 믿어야 했고, '조금 있으면 어른이 될 텐데, 언제까지 아무것도 없이 나를 지킬 수 있을까?' 싶어 미치도록 불안했다. 세상과 뒤섞여 언젠가는 나도 나를 찾지 못하는 게 아닐까? 내가 특별하다는 믿음만 가지고는 아무것도 될 수 없다. 슬슬 내가 특별하다는 사실을 증명해야 하리라. 아직 어리니까 괜찮고, 아직 어리니까 사랑받는, 그런 시기는 여기까지. 이래서는 어른이 되어도 아무것도 안 돼. 지금 이대로라면 분명 녹아버릴 거야. 사라지고, 파묻히겠지. 그러니 아주 작은 조각이라도 남기고 싶었고, 남기고자 하는 나를 포기하고 싶지 않았다.

　무엇을 만들어보아도, 세상을 바꿀 만큼 훌륭한 작품이라는 맹목적인 믿음은 생기지 않았다. 수많은 걸작이 있는 세상에서 나 혼자 고무락고무락 무얼 하고 있나 싶었다. 그래도 만드는 걸 멈추지 않았고, 남기고자 하는 마음을 포기하지 않았다. 이 일을 계속하기 위해 어떤 구실이든 내세워야 했다. 그때 필요한 단어가 '천재'였다. 자신감도 아니고 오만함도 아니다. 자신감 과잉이 부끄러운 콤플렉스라고 느꼈던 그 시절의 나에게 그렇지 않다고 말해주고 싶다. 그런 강력한 단어가 아니면 힘을 얻기 어려울 만큼 나는 조금도 특별하지 않았고, 절벽 위에 서 있는 기분이었다. 어서 빨리, 무엇이든 되어야 해. 구름 너머를 바라보며 생각했다.

나의 센스를 시험하지 마십시오

스티커를 사서 맥북에 붙일까 하고 생각한 순간, 등줄기에 땀이 난다. 한쪽 소매가 길고 한쪽 어깨는 드러나는 옷, 심지어 머리를 이리로 넣을 수도 있어요, 라는 설명을 들으며 다양한 방식으로 입을 수 있는 옷, 그런 게 정말 무섭다. 공포야, 공포. 아이폰이나 에어팟도 멋있는 케이스에 넣는 게 제일 두렵다. 가능하면 특이한 케이스가 좋고, 그 마음이 넘쳐 흘러서 해외에서 직구하기에 이르렀다. 멋있어지고 싶어서도, 촌스러워지기 싫어서도 아니다. 그저 "어머, 너는 그런 걸 멋있다고 생각하는 타입이었구나" 하고 분류되는 게 싫다. 나의 센스를 시험하지 마십시오. 베스트 센스 순위에 멋대로 나를 끌어들이지 마십시오. 인간은 제각기 좋아하는 것이 다 다른데, 어째서 미의 평가 기준 같은 게 생겼을까. 취향이 제 각각인데 순위 같은 게 무슨 소용인가. 가장 좋아하는 걸 찾 아내 행복한 인간이 되는 게, 내가 목표하는 지점이다.

센스가 있고 없고의 감각은 분명 사람마다 다르다. 그런 데 어째서 그토록 당당하게 남을 지적할 수 있는지 모르겠 다. 남에게 촌스럽다고 하는 사람이, 또 다른 사람에게는 멋 을 모른다고 무시당할 가능성도 높은데 어째서 그런 말을 하 지? 무섭지 않은가?

촌스러워. 인간은 어째서 이런 말을 할 수 있는가. 당사자 가 그걸 골랐다는데 남이 왜 그걸 부정하나. '그야, 내가 입고 싶지 않은 옷이니까'라고 할지도 모르지만 아무도 당신에게 그 옷을 입으라고 하지 않았다. 내가 입고 싶던 옷을 어디선 가 찾아낸 사람에게 "우와! 멋져"라고 말하고 싶은 건 이해 하지만 말이다. 그것도 "그걸 고르다니 센스가 훌륭한데?"가 아니라 "나도 그런 옷 좋아해~!"가 되겠지. 센스가 있고 없고로 사람을 평가하는 한, 당신도 누군가의 평가를 받게 된다. 좋아한다는 이유만으로 무언가를 고르는 게 어려운 세상이 되어가는데도, 베스트 센스 결정전은 사라질 줄을 모른다.

옷을 더 좋아하면 된다고 생각한다. 옷을 엄청나게 좋아해서, "이 사람은 세상의 기준 같은 건 무시하는군!" 싶을 정도로 옷에 미치면 된다. 나도 옷을 좋아하고, 정신 나갔다는 소리를 들을 만큼 많이 사는데, 남들이 매기는 순위에서 도망치고 싶어서 그러는 것도 있었다. 그게 아니라면 이만큼 옷을 좋아하지 않았으리라. 아이폰 케이스도 케이스에 목숨을 건 사람처럼 검색해서 이거다 싶은 희귀한 것을 찾아냈다. 케이스에 집착하는 사람처럼 되어버렸다. 사실은 베스트 센스 순위에서 탈출하고 싶었을 뿐인데.

패션이란 타인에게 드러내는 것이니, 타인을 향한 에너지인 것만은 확실하다. 아무리 자기가 좋아하는 옷을 입는다 해도, '이런 걸 좋아하는 나입니다'라는 자기소개가 되고, 그걸 가미한 커뮤니케이션이 발생한다. 귀여운 옷을 입은 사람에게는 "팬케이크 먹으러 갈까?" 하고 묻지만, 어른스러운 옷을 입은 사람에게는 "차라리 술이 나으려나?" 하고 제멋대로 추측하는 식으로. 그리고 그걸 은근히 인정하는 분위기가 있다. 그야 옷은 얼굴이나 체형과 달리 어느 정도 자유롭게 고를 수가 있으니까. 음, 진짜? 진짜로 옷이 자유롭다고 생각해? 촌스럽다느니 세련되었다느니 하는 시선으로 가득 찬 이 세상에서? 옷으로 그 사람의 감성이나 취미를 알 수 있다는 건 너무 건방진 생각인가. 옷을 자유롭게 고를 수 있는 건, 옷에 목숨을 건 사람들이나 가능하다. 고를 수 있다는 선택권이 생기니까 도리어 자유롭지 못하다. 무얼 골라도 등 뒤에서 "아, 너는 그걸 고르는구나~" 하는 목소리가 들려오는 세상이여, 꺼져라!

　　그런 사연으로 나는 옷에 미친 사람이 되었다. 자유롭게 쓸 수 있는 돈의 대부분은 옷을 사는 데 쓴다. 옷을 찾기 위해서라면 몇 시간이고 돌아다닐 수 있다. 그래서 나는 내가 옷을 엄청나게 좋아한다고 믿고 즐겼지만, 어쩌면 그게 다가 아닌지도 모른다. 솔직히 마냥 미칠 정도로 좋아하는 게 이런저런 면에서 편하다. 옷을 좋아하지 않는 사람도 옷에서 자유로워질 권리가 있다. 그걸 허락하지 않는 세상이 나는 싫다. 부디, 나의 센스를 시험하지 마십시오. 애정 따위 없어도 옷을 자유롭게 입을 수 있는, 그런 세상에서 광기를 버리고 싶습니다. 이상, 사이하테 타히였습니다.

겸손 살인사건

　겸손하다는 말이 왜 필요한지 모르겠다. 존경하는 사람이 겸손한 말을 하면 '저런 말은 하지 말지' 하고 진지하게 생각한다. 자학하는 말을 들을 때도 앞에서는 "아니야, 아니야, 그렇지 않아"라고 말하지만, 사실은 어깨를 붙잡고 "너는 천재야. 알아들어? 아직도 모르겠어? 어째서? 언제까지 그러고 살래? 세상이 만만해?"라고 소리치고 싶을 정도다. 존경하는 사람에게는 적극적으로 "당신의 훌륭함을 자각하세요!"라고 말해주고 싶다. 스스로 대단하다고 생각했으면 좋겠고, 그 사람에게 "최고야! 최고!!"라고 계속해서 말하고 싶다. 이런 기분을 방해하는 것은 말하자면, 그 사람이 대단하지 않다고 여기는 사람들이다. 대단하다는 말을 부정하고 싶지만 자기가 부정한들 의미가 없기 때문에 장본인으로 하여금 "전 별로 대단하지 않습니다" 하고 말하게 만들며 기뻐하는 것뿐이다. 악취미. 겸손함을 요구하고 겸허한 태도를 요구할 게 아니라, 차라리 자기가 직접 당당하게 "나는 너를 인정하지 않는다. 하나도 대단하지 않다"고 말하면 된다. 나는 누구나 당당하게 살면 된다고 생각한다. 누군가는 대단하지 않다고 생각하더라도, 그저 자기 자신을 자랑스럽게 생각하며 살면 되는 것이다. 자기가 가진 가치관에 자신이 없기 때문에 겸손 어쩌고 하며 에둘러 가는 길을 고른다. "나는 대단하다." 이 말은 자만도 아니고 과장도 아니다. 그저 그 사람은 자기 자신을 그렇게 생각한다는 주장일 뿐이다. 남에게 그 생각을 강요한 적도 없다. 어째서 있는 그대로를 받아들이지 못하나. 입만 살았다느니, 자기주장이 과하다, 자기변호에 바쁘다, 왜 그런 말을 하지? 말의 외면을 멋대로 해석하고 야유하는 태도는 어째서 발생할까. 누군가가 발언한 말 자체가 아

니라, 그 말이 왜 지금 이 장소에 어떤 의도를 가지고 터져 나
왔는지를 상상하고 비난하는 사람들이 너무 많다. 그리하여
인간은 스스로 발언하기를 꺼리게 된다. 사람들이 자신의 말
이 아니라 말 주위에 있는 태도만 본다는 사실을 깨닫기 때
문이다. 언어는 남들이 원하는 나의 이미지를 연기하는 도구
가 되어 죄다 틀에 박힌 말이 되고 만다.

　나는 대단한 사람이 "나는 대단하다"라고 말하면 좋겠다.
그가 대단하지 않다고 생각하는 사람이 "아니요, 당신은 대
단하지 않습니다"라고 말한다면, 그것도 나름대로 직접적인
대화다. 어느 쪽이든 소중한 말이다. 겸손은 무엇을 위해 존
재할까? 왜 타인에게 겸손을 요구하는가. 분위기 파악 좀 하
라는 말이 있지만, 바로 그 분위기밖에 못 보는 인간에게 언
어란 무엇인가? 본인의 생각은 본인이 말하자. 본인의 생각
을 타인에게 말하게 하지 말라. 분위기 파악을 하게 하지 말
라. 사람을 굴복시키며 즐거워하던 시절은, 이제 그만 보내
주기로 하자.

♡ 진짜
좋아하는 게
아닌 거 아니야?

음악에 대해 전혀 몰랐다. 다들 음악이 흐르는 동안 무엇을 할까. 듣는 것 외에는 아무것도 안 하는데, 무엇을 보고 무엇을 하면 좋을까. 음악을 좋아한다는 의미를 잘 모르겠어. 음악만으로는 시간을 보내기 힘들 텐데. 그렇게 생각했다. 나는 쭉 BGM밖에 알지 못했다. BGM으로서의 음악밖에 알지 못했다.

중학교 3학년 때.

그래도 음악을 알고 싶고, 오히려 모르는 내가 두려워서 필사적으로 레코드 대여점에 다녔다. 팝과 록 명반이라 불리는 앨범을 하나하나 빌려서 가만히 앉아 들었다. 영어라서 뭐라고 하는지 잘 모르겠어. 무서워. 다들 나처럼 가만히 앉아서 듣나? 이런 것도 모르다니 감수성이 죽어버렸나? 그러던 중 타워레코드*에서 무료로 나눠주는 록 특집 전단지를 받았다. 거기서 블랭키 젯 시티를 만났다.

음악을 듣는데, 이건 좋고 싫음의 문제가 아니었다. 머릿속에 꽉 막혀 있던 음악이 툭 하고 두개골을 열고 나와 온몸으로 흘러드는 감각이었다. 멋있다. 멋있다는 거 잘 알겠어. 진짜 멋있구나. 지금까지 가만히 앉아서 듣던 음악들도 다 멋있었네. 이제야 알겠어. 확실히 알겠다. 하지만 블랭키, 그땐 이미 해체했었지.

좋아하는 밴드는 대부분 해체했고, 공연장에 가보지도 못한 채 해체 소식을 들었다. 대학생이 될 때까지 대체로 그런 식이었다. 컴퓨터를 켜고 인터넷에 접속하면 해체 전 라이브 영상이 많이 올라와 있었다. 나는 플레이리스트에 블랭키의 곡을 담고 라이브 영상을 보며, 아무것도 모르는 채 밴드의 완결을 받아들였다. 이 밴드를 진심으로 마지막까지 사랑할

* 일본에 진출한 미국의 대형 음반 체인점.

기회를 놓쳤음을 깨달았다. CD와 라이브 DVD까지 구했을 땐 기쁨이 최고조에 달했지만, 마침내는 그 이상의 것을 원하게 되었다는 걸 알았다. 가능성이 멀리서 빛났다. 하지만 이미 그것은 내 것이 아니었다.

1년 후. 고등학교 1학년 때.

아무도 없는 교실에서 만화책을 읽고 있는데 대화를 나눠 본 적 없는 애가 다가왔다. 무슨 말이라도 해야 싶어 조급해진 나는 "지난주에 좋아하는 밴드가 해체했거든" 하고 말했다. 하지만 밴드 이름까지 말할 용기는 없었다. 내 주변에 그 밴드를 아는 애는 단 한 명도 없었으니까. 하지만 그 애가 말했다. "혹시 넘버 걸?"

그해 재결성한 넘버 걸, 지금도 듣고 있는 넘버 걸. 그리고 역시나 공연도 못 가봤는데 해체하고 말았다. 인터넷으로 자체 제작 라이브 CD를 사는 게 다였지. 돈도 없고, 밤에 밖에 나갈 수도 없고, 통금이 있는 나이였으니까. 하지만 그래도, 어째서 그런 것들 때문에 하고 싶은 걸 포기해야 하나 싶어서, 그게 위장병의 제일 큰 원인이었다. 어떻게든 돈을 마련하고, 가출이라도 해서 가면 되잖아. 그런 결심을 하지 못하는 내가 부끄러웠다. 그 정도는 하는 애들이 얼마든지 있었다. 그리고 그런 애들은 분명 넘버 걸을 무척 좋아하겠지.

남들이 보기에 나는 그저 안전지대에 있는 인간이었다. 예전부터 룰을 깨기 어려웠고, 하나라도 어기면 두통에 복통이 덮쳤다. 즐거움도 기쁨도 전부 잊었다. 혈기왕성한 젊음이라는 풀장 밑바닥에서, 멀리 수면을 바라보는 듯한 나날이었다. 그것뿐인 나날. 착한 아이가 되고 싶다는 욕망은 없었다. 다만 "안 될 거야" 하고 포기한 그 감각을, 그 단절감을, 나는 피부로 기억하고 있다. 방법은 얼마든지 있었을지도 모른다. 단절감이라는 말로 합리화하려는지도 모른다. 하지만 나만은 그렇게 말하면 안 된다. 다들 어떤지는 잘 모르겠다. 남들이 어떤지는 모르겠어. 나에게는 나의 '좋아해'밖에 없다. 혼자 오랫동안 그것만 파고들었다. "진짜 좋아하는 건 아니었어" 같은 말, 나만은, 나라는 인간만은 하지 마.

밴드는 언젠가 해체할 테고, 끝은 반드시 오니까 공연에는 꼭 가야 한다고, 옛날에도 그렇게 글을 썼고 지금도 그렇게 생각한다. 하지만 동시에 "룰 같은 거 무시하고 공연에 갔어야지" 하는 말도 듣고 싶지 않다. 과거의 내 사랑을, 지금의 나는 모른다. 사랑은 눈에 보이지 않고, 사랑 같은 거 증명할 필요도 없다. 당신의 기준 따위 나는 모른다. 타인의 사랑 따위 알 바인가. 다들 멋대로 자기만의 신을 만들고 사랑을 하라. 그것만이 제일이다. 그것이 허락되기에 이런 부조리한 세상, 마음먹은 대로 되지 않고 한 치 앞도 내다볼 수 없는 세상에서 사랑이 인생의 표식이 되는 게 아닐까.

　나는 넘버 걸을 좋아했다. 투어가 끝날 때까지 컴퓨터 모니터를 뚫어져라 바라보며, 무력하게 커서를 움직일 뿐이었다. 하지만 그래도 좋아했다. 지금의 나에게 그 마음이 진짜였는지 어쨌는지는 중요하지 않다. 머릿속이 뜨겁고 욱신욱신 아프면서 새하얘질 정도로 확실한 사랑이었다고 말할 수 있는 건, 그 시절의 나뿐이리라. 그래서 나는 맹신한다. 지금의 나는 맹신한다. 그 시절 내가 느낀 심장이 찔린 듯한 슬픔을. 그때 나는 넘버 걸이 좋아서 공연장에 가고 싶었다. 그건 분명해. 그리고 지금은 내가, 지금의 나로서, 넘버 걸을 듣고 있다. 지금의 나밖에 모르는 감각으로, 넘버 걸을 좋아한다.

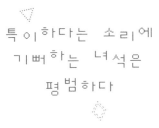

특이하다는 소리에
기뻐하는 녀석은
평범하다

"특이하다는 소리에 기뻐하는 녀석은 평범하다." 이 말을 꼭 붙들고 사회에 서 있었다. 특이해, 평범해, 나는 그런 말들에 쉽게 휘둘렸지만, 그렇다고 진지하게 재능을 확인할 마음도 없었다. 그저 사회에서 인간으로서의 가치를 인정받을 수 있는지 없는지가 중요했다. 나의 창작물이 아니라, 나의 행동이나 언동이 사람들로 하여금 재능을 느끼게 하는가. 그런 게 신경 쓰일 때마다 내가 텅 빈 것 같아 울고 싶어진다. 텅 빈 게 당연하다. 행동이나 언동에 재능을 느낀다는 게 뭔가?

그 재능이란 무엇인가? 작품이나 결과물이 아닌, 인간이 가진 재능에 무슨 의미가 있나? 그래도 삶의 방식, 행동 방식까지 확인하려 드는 거리의 시선을 느낀다. 아니요, 됐습니다. 가능성과 재능 따위 인정해주지 않아도 됩니다. 가치 따위 없어도 돼요. 그저 인간을 인간답게 대하고 싶습니다.

학교 다닐 때는 '특이한 애'라고 불리는 게 싫었다. 학교에서나 아르바이트를 하다가 특이하다는 소리를 들으면, 그때마다 내가 또 무슨 실수를 저질렀나 싶어 초조했다. 또 어떤 룰을 어기고 폐를 끼쳤구나 싶었다. 하지만 자세히 물어보면 그 이유라는 게 회식을 거절하고 특이한 음악을 듣기 때문이었고, 그런 말을 들으면 마음이 편치 않았다. 큰일이네. 그게 왜 남에게 폐가 된다는 건지 모르겠어. 폐만 끼치지 않으면 세상에 흡수될 수 있을 거라고 생각했는데. 나는 그렇게 좀 바보 같은 면이 있었다.

자기 생각을 말하는 게 중요하다는 교육을 받았지만, 내 생각을 말할 때마다 다들 적잖이 당황했다. 그렇게 사람들로부터 '아무튼 특이한 애'라는 처분을 받았다. 칭찬도 아니고 비방도 아니었다. 그저 그 순간을 흘려보내기 위한 핑계라는 생각밖에 들지 않았다. 어떤 자리에서 할 수 있는 말은 이미 어느 정도 정해져 있었고, 나는 그것을 따라야만 했다. 느낀 점을 느낀 그대로 말해서는 안 된다는 것을 알지 못했고, 왜 그래야 하는지도 몰랐다.

내 이야기를 들어준다는 건, 나에게 관심이 있거나 나를 좋아해서라고 생각했으니까.

학교에서나 아르바이트를 할 때, 다른 사람보다 튀지 않기 위해서는 가볍게 알고 지내야 했다. 그런 장소에서 잘 지내기 위한 딱 그만큼의 대화라는 게 있다. 그걸 벗어나면 까다로운 사람으로 낙인찍혀, 인간의 아류 비슷한 '괴짜' 취급을 받는다. 쟤는 원래 저런 애니까 하고 상대도 해주지 않는다. 특정한 어휘로만 성립하는 공간은 분명 있다. 그렇다 하더라도 대화란 상대방을 좋아하기 위해서 하는 거라고 생각했다. 다들 나를 좋아하기 때문에 나와 대화를 나누는 거라고 생각했다. 하지만 세상 돌아가는 이치를 깨달았을 때 나는 너무 부끄러웠고, 다시는 어린아이처럼 자신만만해지지 말자고 다짐했다. 다짐은 했지만, 그게 어디가 어떻게 나쁜지 알지 못했다.

특이하다는 소리를 듣는 건 두렵다. 하지만 평범해지고 싶냐고 하면 그것도 잘 모르겠다. 기묘한 에피소드를 가지고 모두를 몰입하게 만드는 사람을 동경했고, 평범함을 갈망할 자신은 없었다. 지루하게 만들고 싶지 않았다. 폐를 끼치고 싶지 않았다. 하지만 나는 나인 채로 있고 싶었다. 그것이 결국은 어리광이었다는 사실을 알고 슬펐다. 있는 그대로의 나를 즐거워해주길 바랐다. 그렇게 바라는 게 어리광이라면, 무엇을 위해 내가 여기에 있고 상대가 거기에 있는지 알 수 없게 된다. 그리고 그렇게 내가 나를 부정하는 것, 그런 거, 자살이나 마찬가지라고 생각했다.

대화에 서툴고, 재미있는 말도 하지 못하고, 알맞은 상황도 만들지 못하는, 그런 나는 남에게 폐를 끼치고, 미움을 받고, 분위기를 가라앉히고 최악이다. 하지만 그게 전부 나다.

있는 그대로의 나로 사랑받고 싶으니까 미치는 거다. 사랑받지 못하는 나를, 있는 그대로, 사랑하자. 나라도.

　미움을 받습니다. 분위기를 가라앉힙니다. 그런 내가 오롯이 나인 것을, 나 한 사람은 반드시 긍정하는 것, 그것이 행복이라고 생각한다. 그리고 모두가, 자기 자신으로 살 수 있으면 좋겠다. 어쩌면 나는 말을 잘하는 사람이 되고 싶다기보다, 남의 말을 잘 들어주는 사람이 되고 싶은 것이리라. 그래서 시를 쓴다.

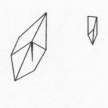

위로받고
싶기는
하지만

너무 상처를 받은 나머지 반항도 하지 못하는 사람에게 "넌 정말 착하구나" 하고 말하는 사람이 있다. 나는 그런 사람이 무섭다. 싸울 힘도 없어서 자책하고 있는 사람이지만 그에게 위로랍시고 꺼내는 말일 테니 그 말을 부정하는 건 아니다. 그래도 상처받은 사람이 누군가를 욕하고, 미워하고, 세상 모두를 원망하고 싶은 걸 부디 이해하기를 바랐다. 착하지 않더라도 그들의 눈을 바라봐주기를 바랐다. 착한 사람 따위 되지 않아도 된다. 상처받은 사람에게서 찾아낼 수 있는 아름다움은, 착함 같은 게 아니어도 된다.

그렇다고 무슨 말로 그들을 위로할 수 있을까. 해답도 모르면서 위화감만 부풀어간다. 어찌 됐든 선악이나 상냥함, 냉정함 같은 것을 기준으로 세상을 판단하는 한, 상처받은 사람은 또 다른 기준을 통해 자신의 가치를 감정받게 된다. 그런 지옥도 없다.

누군가를 제대로 위로할 줄 모르는 유년기를 보냈다. 소설 속 등장인물들이 위로하고 위로받는 장면에 마음을 빼앗겨, 나도 언젠가는 그런 어른이 되리라 믿었다. 어떤 말로도 위로받지 못한 등장인물이 주인공의 태연한 말 한마디에 위로받는다. 그런 기적을 볼 때마다, 나도 누군가를 위로하고 싶다고 생각했다. 누군가를 위로할 수 없다면, 누구에게서도 신뢰를 얻지 못한다. 사랑받지 못한다. 그러니 괴로워하는 당사자가 원하는 말을 반드시 찾아내야 한다고 믿었다.

하지만 지금은 그것이 대단히 오만한 꿈처럼 여겨진다.

누군가를 위로할 수 있는 말이라는 게 세상에 존재할까.

상처받은 사람의 가슴속에 진짜로 원하는 말이 있다면 그토록 괴롭지도 않을 것이다. 모르니까 괴로운 것이다. 알 수 없으니까, 자기가 아닌 타인에게서 위로를 받는다. '정답'에 위로받을 수 있다면 인간은 타인을 필요로 하지 않으리라. 다른 사람의 말에서 얻을 수 있는 절대적인 정답은 이 세상에 없다. 당신은 오직 당신일 뿐. 나는 오직 나일뿐. 상처를 끌어안고 있을 때, 나는 입을 다문다. 위로가 되는 말 같은 건 어디에도 없고, 내가 나의 상처에 살고 있는 말을 찾아내는 수밖에 없다.

울고 있는 사람 앞에서 당황하여 엉뚱한 소리만 지껄이다가, 나는 역시 아무것도 모른다는 사실을 깨달았다. 그런 내가 그 사람을 포기해버릴까 봐 두려웠다. 그래도 어떻게든 위로하려고 조급해하는 것보다는 훨씬 낫다. 그렇게 생각한다, 생각하고 싶다. 내 상처의 전모조차 보이지 않는데, 타인의 상처 전부를 들여다보려 했다. 내가 무슨 말을 하면 좋을지 그런 걸 알 턱이 없는데, 그래도 언젠가는 답을 찾을 생각이었다. 그게 뻔뻔한 행동이었다는 걸 자각했을 뿐이다.

그런 게 냉정함이 아니라고 단언할 수 있게 된 것은 정말 최근의 일이다.

위로받고 싶기는 하지만

오래 기다렸지?

커피 마실래?

커피로 해. 이 카페는 코코아가 별로야.

코코아로 할래.

음, 어디 보자.

그래도 코코아로 할래.

목이 타들어가는 기분일 거야.

설탕이 코코아만큼이나 들어 있어.

주문하신 코코아 나왔습니다.

....

이런 바보. 나랑 똑같은 후회를 하겠네.

주문할게요.

살아가기에
너무
어려

젊음에 가치 따위 없을지도 모르지만, 젊은 사람이 무언가를 촌스럽다고 말하면 정말로 촌스러운 것이 되는 시대다. 이런 생각을 10대 때부터 했다. 나의 감수성이 하나의 절대적인 가치를 만들어내는 게 아닐까 하는 착각이 불합리에 맞서고, 불쾌함에 맞서고, 오만한 타인에게 맞서고, 최악의 경우 나 자신에게 맞서는 근거가 되었다. 혼탁한 물속에 칼을 찔러 넣는 기분이었다. 하지만 멋있음과 촌스러움도 결국은 주관에 불과하다. 젊음이라는 무기를 최대한으로 끌어 쓰는 내가 영악하다고도 생각한다. 마음속에 있는 말은 꺼내지 않고 일단 "네" 하고 대답한 뒤, '아, 이 녀석들은 아무것도 모르는구나' 하고 넘겨버리면 나를 지킬 수 있다고 생각했다. 헤드폰으로 좋아하는 음악을 듣고, 입속에 좋아하는 초콜릿을 넣으면, 세상 어느 거리에서도 보지 못한 엄청난 일들이 내 안에서 일어나는 듯했다. 사실은 어린 내가 부끄러워서 어쩔 줄 몰랐지만.

어른들은 올바름과 상냥함과 성실함이 무엇인지 다 제대로 알고 있으면서, 그걸 속이고 자기주장을 밀어붙이니 비겁하다고 생각했다. 어릴 땐 올바름과 상냥함과 성실함이 무엇인지 알지 못했다. 그래서 어른들을 규탄할 수 없었다.

이것이 당시 나의 인식이었다. 불합리한 일에 반론하려 해도 "뭔가 좀 이상해" 정도의 말밖에 할 수가 없어서 무지한 내가 한심했다. 단순히 위화감을 드러내는 걸 넘어서 어떻게든 유치한 내 말을 듣게 만들고 싶었다. 그래서 최대한 갈고닦은 표현이 "촌스럽다"였다. 어른들을 경멸할 수만은 없었다. 진절머리가 난 적도 많았지만 그래도 아직 어른이라는 환상을 버리지 못하고 서성이고 있었다. 사실 그들도 올바름과 상냥함과 성실함을 알지 못한다. 알더라도 추상적인 말로 모방할 뿐. 그런데도 나는 그들을 존경하여 그들에게 기대하고, 그런 나를 두려워하고 있었다. 젊음은 대체 무엇이었을까. 젊음이 끝났지만, 나는 무엇 하나 진실을 얻지 못했다. 내게는 아직도 '촌스럽다' 정도의 가치 기준밖에 없다. 그리고 지금은 그런 내가 부끄러운가 안 부끄러운가. 바뀐 게 있다면 이 정도다. 나는 부끄러운가 안 부끄러운가. 죽을 때까지 뻔뻔스러워지고 싶지는 않다.

나는 아무도 구원할 수 없어

　최악의 사건이라고밖에 할 수 없는 뉴스를 볼 때 생기는 무력감에 대해 나는 아직 대책이 없다. 분노나 슬픔, 동정 같은 것보다는 맹렬한 후회가 밀려든다. 도움이 되지 못했다는 후회다. 설령 바다 건너 일어난 사건이라 해도 그런 생각이 든다. 괴로워하는 피해자, 아이들의 말이 번역되어 뉴스 사이트에 올라오고, 마음을 아프게 하는 기사를 읽을 때마다 '어떻게 그럴 수가' 하고 화를 내기보다는 '정말 미안해'라고 생각한다. '세상이 이렇게 되어버려서 미안합니다' 같은 뜬구

름 잡는 이야기가 아니라, 어째서 내가 그 아이를 돕지 않았나, 도와주지 못해서 미안합니다, 라고 생각한다.

도움을 줄 수 있는 사람이 있다는 건, 애니메이션을 보고 알았다. 거기에는 영웅이 있었다. 부모님은 "우리가 언제든 날아갈게"라고 말해주었고 실제로도 그랬다. 그건 내가 운이 좋았기 때문이다. 나는 요행히 비참한 일을 면하고 살 수 있었기에 타인의 끔찍한 사건을 보면 '도울 수 있었을 것 같은데' 하는 쉬운 생각이 든다. 그것이 대단히 오만하고 이상적인 생각이며 현실을 직시하지 못했기 때문이라는 사실도, 지금은 안다.

현실을 제대로 보지 못했다. 본다면 어떤 식으로 볼까. 나는 그 아이들을 도울 수 없고, 그런 힘도 가지고 있지 않다. 그 순간, 그 장소로 가는 것마저 불가능하다. 거기까지 가기 전에 내가 먼저 죽을지도 모른다. 이런 발상 자체가 이미 쓰레기 같아서 슬프다. 그래도 그 사실을 받아들이고, 안 되는 건 안 되는 거다, 이런 일이 일어나다니 세상을 바꿔야 한다며 내가 할 수 있는 일부터 해보자고 하는 것이 '현실을 직시하는' 일일까. 안다. 세상이 변한다 해도 그들은 상처 입은 채 살해당할 것이다. "다음번에는 잘하자"라고 한다면 이번에 죽은 이들은 어찌해야 하나. 나는 그것이 두려운 것이리라. 현실을 직시하라는 사람들은 앞으로 올 미래를 '보라'고 한다. '두려워하지 말라'고 한다. 이미 지나가버린 현실을 두려워하지 말라고 한다.

'도와주지 못했다'는 후회가 과거를 구원할 수도 없고, 과거를 돌아보는 일조차 아니라는 걸 알고 있다. 자기만족에 가까운 비관에 무슨 의미가 있을까. '도와주지 못했다'고 후회하는 행동은, 그것이 이미 돌이킬 수 없는 사태라는 사실, 안 그랬더라면 좋았을 텐데, 라고 생각할 수 있는 단계를 이미 지나쳤다는 사실을 외면한다. 슬퍼하는 척하며, 아무것도 보지 못한다. 어쩔 수 없는 일이다, 이미 돌이킬 수 없는 일이다, 그렇게 내려놓기란 쉽지 않다. 희망에 세뇌된 채 살아왔다는 게 부끄럽기도 하다. 이미 벌어진 사고는 이제 어쩔 수 없다는 걸 깨닫고, 미래를 위해 무언가 할 수 있는 일이 있지 않을까 고민하지만, 미래라고 해서 간단한 건 아무것도 없다. 미래를 준비해야 한다는 건 잘 알겠다. 하지만 그런 생각을 하고 또 하고, 몰두하며, 나는 여전히 무언가로부터 도망치고 있다고 생각하리라.

미래를 준비해야 한다. 하지만 이미 죽은 그 아이는 구할 수 없다. 미래를 변명으로 삼아서는 안 된다. 시간이 걸리더라도, 내가, 내 발로 밟고 넘어서야 한다. 아름다운 변명 따위 어디에도 없다.

누군가가 상처를 받았는데, 그 사람이 나와 전혀 상관없는 사람이라면. 아이를 함부로 대하는 어른으로부터 상처받은 아이가 있다면. 나는 그 뉴스를 보며 얼마나 상처받을까. 그런 것에 상처받는 것이 나라는 사람이고, 그 뉴스를 클릭하는 것도 그 기사의 끔찍함에서 눈을 돌려버리는 것과 비슷한 수준으로 시시한 일이다. 나라는 자아를 확인하는 일일 뿐이다. 나는 타인이니까. 그런 끔찍한 일을 겪지 않아도 된다. 그런 끔찍한 일로 살해당하지 않아도 된다. 겪어보지도 않고, 살해당하지도 않고, 알 수가 있다. 안다고 믿고 어떤 결착을 짓는다. 올바른 선택이 있을 거라 믿는다. 감정이 북받치고 언어가 북받쳐, 미래를 이야기하며, 어떤 반응을 한 것 같은 기분이 든다. 내 나름의 결론을 내렸다는 기분이 든다. 그것이 두렵다.

설령 미래를 위해 움직여서 이후 누군가를 구한다 해도 다른 누군가는 구할 수 없다. 알 수는 있지만 구하지는 못한다. 시시하게 살 수밖에 없는 이 별에서, 살고 있습니다. 뉴스로 슬픈 이야기를 접하고, 슬픔을 느끼는 최악의 순간을 하나둘씩 늘려가며, 저는 이곳에 살고 있습니다.

☆
성 년 의
날 에 ☆

10대나 스무 살이라는 나이가 특별하다고 믿는 건 언제나 한참 윗세대라고, 내가 10대일 때 생각했다. 지금 시기가 얼마나 귀중한지 아느냐는 말을 들어도, 내게는 눈앞에 있는 하루가 전부였다. 아무것도 아닌 내가, 앞으로도 쭉 아무것도 아닐 거라는 사실이 인생을 짓무르게 만드는 듯했다. 10대에 데뷔하거나 성공을 거둔 사람들의 뉴스를 보았다. 내가 10대였을 때, 그런 일이 특히 많았던 것 같다. '어린 천재'라고 불리는 사람들이 세상에 등장할 때마다 괴로웠다. '인생은 지금부터'라는 말과 거의 비슷한 수준으로, 어른들은 어린 재능을 칭찬했다. 그 중심에는 '젊음'이라는 축이 있었다.

거짓말하지 마세요. 그런 생각이 드는 게 당연하지 않나. 10대에 아무것도 이루지 못하면 앞으로도 쭉 평범할 거라고 생각한 나로서는, 10대가 특별하다는 말을 들어도 공허한 위안으로밖에 들리지 않았다. 젊어서 특별한 걸 이상하리만치 좋아하는 세상이라니, 너무 시시해.

나는 우타다 히카루*를 좋아하는 초등학생이었다. 그녀는 어려서 데뷔했고 나는 더 어렸지만, 나이 같은 건 아무래도 좋았다. 그저 음악이 좋았을 뿐인데 텔레비전에서는 "어린 나이에 대단하다" 같은 말이 쏟아졌다. 그게 기분 나빠서 견딜 수가 없었다. 나이로 판단할 수 있는 건 아무것도 없다. 그녀가 살아온 15년을 속속들이 다 아는 것도 아니면서, "어린 나이에 대단하다" 같은 말을 쉽게 꺼내는 사람들을 이해할 수 없었다. 누구나 자기의 열다섯 살밖에 알지 못하는 게 아

★ 1990년대 말부터 활동한 싱어송라이터. 자기만의 스타일로 지금도 여전히 대중에게 사랑받는 가수다.

닌가. 그런데도 열다섯 살이라는 사실만으로 무언가를 말할 수 있다고 생각한다. 나이에 어떤 의미가 있다면, 나는, 나이를 먹는 게 무섭다.

스무 살이라는 나이가 특별한 구간처럼 느껴지는 건, 법률로 '성년'이 정해진 까닭, 그 이상도 이하도 아니다. 사회에서 요구되는 책임이라는 것도 있으리라. 하지만 당신의 스무 살과 누군가의 스무 살을 비교할 필요는 없다. 당신에게는 당신의 열아홉 살, 스무 살, 스물한 살이 있을 뿐이다. 당연한 듯 내뱉는 "스무 살이나 먹어서"라는 말이나 "스무 살이면 이 정도는 해야지" 같은 생각, 나는 잘 모르겠다. 똑같은 스무 살 따위 어디에도 없고, 당신의 인생을 위해서만 당신의 나이가 있기에. 나의 인생을 위해서만 나의 나이가 있기에. 나는 쭉 그렇게 생각하고 싶다.

올바른
척하고
있다

열여섯 살.

올바른 사람이 되고 싶었지만, 동시에 그런 내가 기분 나빠 견딜 수가 없었다. 남을 말로 싸워 이기려는 것 같아 서글펐다. 그래도 올바른 말을 늘어놓는 것을 그만둘 수 없었고 멈추지 않았다. 이런 내가 뭐가 어떻게 잘못된 건지, 나를 설득할 방법이 없었다.

화를 내는 건 상대를 강제로 굴복시키는 거나 마찬가지라는 생각은 언제부터 했을까. 어느 틈엔가 나는 남에게 화가 났을 때 "뭐? 짜증 나! 열 받아 죽겠네!"라는 말을 하지 않게 되었다. 옛날에는 슬퍼하는 게 더 잘 통했다. 훌쩍거리다가 "어, 애 운다" 하는 소리에 웅크려 얼굴을 가리기만 하면 됐다. 화나는 일은 매년 늘었지만, 우는 것보다 화내는 것이 훨씬 더 어려웠다. 화를 내고 있으면 성숙한 사람들이 다가와 "어린애도 아니고" 하고 혀를 찰 것만 같다. 말도 제대로 못 하면서 입만 더러워질 뿐이었다. 다들 나에게 바보라고 하리라. 모두가 나를 경멸하리라.

평온한 사람이 되어야만 했다. 속마음은 그렇지 않아도 겉으로는 평온해 보여야 했다. 그런 구실로 나는 분노를 감추기 시작했다. 올바름의 그림자 속에 분노를 감추었다. 미처 숨기지 못한 분노는, 화가 아닌 논리의 형태로 토해내게 되었다.

올바른 말을 하면 내 편이 되어주는 사람이 있었다. 알아주는 사람이 있었다. 나도 상대방을 공격하는 걸 주저하지 않게 되었다. 내가 옳고 상대가 틀렸다는 생각이 나에게 자신감을 주었다. 말로 후려칠 수 있다는 자신감이 있었다. 그렇게 나는 감정 대신 올바름으로 맞서 싸웠다. 울분을 털어내기 위해서였다. 올바름을 찾아 머리를 굴리면, 나의 분노가 감정적인 것이 아니라 논리적인 게 된다는 착각도 들었다. 올바름을 위해 누군가를 지적하는 일이 나의 책임이라는 생각도 들었다. 그런 생활이 나를 기분 좋게 만들었던 건 사실이다. 하지만 나는 사실 올바른 사람 따위 되고 싶지 않았다. 동경하지도 않았다. 그저 '유치'하다고 여겨지는 게 두려울 뿐이었다.

생각이 얕다는 말을 듣는 게 무섭다. 아무 생각도 없네. 그런 지적을 받는 게 두렵다. 화가 났던 이야기를 했다가 "그 사람도 사정이 있겠지"라거나 "그 사람이 일방적으로 나쁘다고는 말할 수는 없지"라며 공격받는 게 두려웠다. 뭐든 구석구석 파악하고, 뭐든 공평하게 판단하는 건 분명 필요한 자세라고 생각한다. 하지만 끓어오르는 나의 감정, 분노, 슬픔과는 솔직히 상관없는 일이었다.

"아파! 그만둬!" 그냥 이렇게 소리치는 게 낫다. 나는 우선 격분하고 싶었고, 울어버리고 싶었다. 그렇게 한다고 아무것도 나아지지 않는다 해도 일단은 화를 내야 했다. 울어야 했다. 통증이 남아 있는 동안에는 앞으로 어떻게 하고 싶은지도 제대로 판단할 수 없다. 올바른 것을 생각하고, 타인을 배려하고, 감정의 용솟음을 뒤로 밀어둔 채 세상과 타협하는 동안, 나의 상처는 곪아간다. 아무리 좋은 미래가 기다리고 있어도 그 순간 나의 괴로움은 변함이 없다. 지금의 나를 위해 지금의 내가 울부짖어야 한다. 운다고 달라지는 건 없다거나, 아무튼 진정하라는 등 그런 소리를 하는 이유를 모르겠다.

이제서야 분명히 그렇게 말할 수 있게 되었다. 상처받은 사람과 상처 주는 사람이 애초에 평등할 리가 없고, 냉정할 수도 없다. 객관화할 수 없는 소용돌이에 휘말렸기에 괴로운 것이 아닌가.

그 무렵 억지 정의를 내세우면서까지 남에게 분노를 쏟아내며, 내가 이토록 한심한 인간이었나 싶었다. 그런 내가 콤플렉스였다. 자신의 감정을 억눌러서라도 '진짜로 올바른 사람'이 되어야만 한다는 생각에 빠져 있었다. 날것 그대로를 토해내지 않고 분노를 감추며, 머리로만 생각해서 내 상처를 방치했다. 울분이 다 풀렸다고 자기혐오하면서, 사실은 통증이 조금도 가라앉지 않았다는 걸 알지 못했다. 올바른 말을 함으로써 마음이 편해진 것 같아도, 아프지 않은 척 스스로를 속일 뿐이다. 그래도 통증이 사라지지 않는 건 올바름이 부족한 탓이라 믿고 감정을 더 억눌렀다. 소리 지르고 요란하게 우는 일에서 나는 멀어지고 있었다. 이것은 나름대로 나의 성실에서 온 결과였다.

하지만 내 마음 한구석에서는, 감정을 폭발시키고 터트리는 일이 바보 같다고 생각했는지도 모른다. 그런 사람을 보며, "어휴, 시끄럽네" 하고 생각했는지도 모른다. 그런 냉정함을, 내가 깨닫지 못했을 뿐이다. 내가 한심한 줄은 알았지만 이렇게까지 잔혹한 줄은 몰랐다. 아니, 알고 싶지 않기에 모른 척 '올바름'만을 쫓아왔는지도 모르겠다.

감정이 바보 같을 리가 없다. 우리가 감정을 안고 살아가는 한, 감정을 죽이지 않으면 도달할 수 없는 올바름 따위 가짜다. 화를 내라. 소리쳐라. 울어라. 그것이 남들이 말하는 '올바름'은 아니라 해도, 당신의 올바름은 거기밖에 없다. 오로지 거기뿐이다.

고속도로 아니어도 갈 수 있다고 한 건 너잖아.

뭐야? 밖에 나가서 사과해!!

둘 다 그만둬….

네가 지도를 못 보니까 길을 잃어버리잖아.

싸워보자.

후회할 거야. 이 바보가….

너희는 인간의 마음을 잃어버리고 있어!!

별것도 아닌 걸로 으르렁거리지 말고, 둘 다 사과해. 멍청이들아!!

아무것도 하고 싶지
않은 건 아니고,
할 수 없는 것도 아니지만,
안 하는 날

　오늘은 아무것도 하지 못한 날.

　해야 할 일이 산더미처럼 쌓여 있는데, 아무것도 하지 못한 날이다.

　커튼 사이 새어드는 빛으로 아침이 오는 걸 안다. 나는 낙담도 실망도 전력을 다해 할 수 없어서, 그저 늪의 밑바닥에 가라앉아 있다. 나의 미래 따위 생각할 겨를도 없고, 미래가 어떻게 될지 알지도 못한다. 아무튼 지금 이 시간에 변화가 찾아온다면, '뭐, 그걸로 된 거 아닐까요?' 싶다, 진흙탕에서 끈적거리며. 목표를 가지라느니 갖지 말라느니 다들 시끄럽다. 미래가 있다는 둥 미래를 어쩌라는 둥 그런 이야기에 이젠 지친다. 지금 이 순간을 마음 편하게 보낼 수 있는 방법을 알려달라. 우선은 시간을 멈춰야 한다. 정지. 미래를 위해 현재를 고춧가루 빻듯 잘게 빻는 짓은 이제 질렸다. 현재를 통째로 베어 먹을 수도 없고, 너무 나른하고 지루하고 견딜 수가 없으니, 빻는 짓도 적당히.

고춧가루라.

비유 같은 건 아무래도 좋다. 지금 시간에 충실하지 못해서, 나는 지금 피폐해져 있다. 무언가를 이루고 싶다는 마음으로 가득 찬다면 편하겠지만, 그것보다는 그저 가만히 있기를 바라는 세포가 있다. 나는 그 세포에 몸을 의지하여, 지나가는 시간을 눈도 깜박이지 않고 바라보고 있다. 너무 피곤한데, 그건 어차피 뭘 하건 하지 않건 변하지 않겠지만, 그 피로에 합당한 '경과'가 없으면 나를 버텨낼 기력이 사라지고, 아무튼 기분이 나빠진다. 인간의 고통이나 괴로움을 그린 이야기를 좋아하지 않는 건, 어떤 이유로든 상처받는 인물밖에 나오지 않기 때문이다. 이유도 없이 겪는 고충으로 피폐해진 내가 그들에게 공감한다 한들 비참하기만 할 뿐이다. 아무것도 하지 않는다, 아무것도 하지 않아서 피곤하다, 무언가를 하고 싶다거나 충실하게 살고 싶은 게 아니라, 하고 싶지 않아, 안 하고 싶어, 라는 기분도 있다. 하지만 또 그게 전부는 아니기에 긴 한숨이 나온다. 이런 기분에 대해 아무도 말을 하지 않으니, 세계는 계속해서 목적과 과정과 실패와 성공으로만 가득 찬다. 이유 없이 눈이 죽어버린 시간을 긍정해주기를 바라는 건 아니지만. 아름다운 경치나 부드러운 침대 위에서 햇볕을 쬐고 있으면, 이렇게 죽은 눈을 한 나조차, 죽어버린 시간조차, 제대로 승화되는 기분이 들어서 멀리 떠나고 싶어진다. 하지만 그럴 기운은 조금도 남아 있지 않다. 다만 이런 날들이 아름답지도, 상냥하지도 않다는 것만은 알수 있다. 안다. 노인이 되어도 이 우울을 잊고 싶지 않다. 죽음이 두렵다고 해서 산다는 것은 훌륭하다고, 그러니 시간을 함부로 보내서는 안 된다고, 긴장하며 살고 싶지는 않다. 목숨이 얼마 남지 않은 순간에도, 부디 아무것도 안 하는 나날이 있기를. 그러면서 한숨이나 쉬어주기를. 그러지 않으면 내가 아닌 기분이 들어서 무섭다. 그런 생각을 하며 해야 할 일을 그만두고 잠이 든다.

살아가는 일이 얼마나 괴로운지를 다룬 작품을 읽고 나면, 나의 괴로움은 괴로움도 아니라는 생각이 든다. 굳이 말하자면 '나른함' 쪽일 텐데, 그런 나른함이 나를 침식하여 몹시도 괴롭다. 쓸데없이 밤샘을 하고 떠오르는 태양을 본다거나, 학교로 달려가는 아이들의 뒷모습을 보며, 사는 게 힘들다는 말이 아닌 다른 말을 갖고 싶어진다. 나른하다거나 귀찮다거나, 그런 것도 아니고, 그런 것에 침식된 나의 괴로움이, 괴로움으로 언어가 되기를 바란다.

잠시 후
히가시나카노역….

이 거미가
이다바시역까지
매달려 있으면…

행운의 상징으로
집에 데리고 가자….

히가시나카노역—
히가시나카노역—

"저런 건 가짜야."

"이런 게 진짜지."

이런 말을 꺼내는 나를 용서해달라. 나는 내가 인정하느냐 하지 않느냐로, 무언가를 판단하고, 나에게 가치를 부여하고 있었다. 다 알면서도 그만둘 수 없었다. 좋고 싫음, 그것만으로 만족하고 싶었는데, 금세 '진짜'라는 말을 하고 싶어진다. 그런 말을 쓸 때면 다른 어느 때보다 나 자신을 의식한다는 것도 알고 있다. 내가 무엇이 진짜인지 가짜인지 아는 인간이라는 걸, 스스로 증명하겠다는 듯이.

　좋아한다는 마음이 좋아한다는 말만으로는 부족하다는
느낌이 들었다. 처음에는 음악이었다. 그 무렵 나는, 다들 아
무것도 모른다고 생각했다. 내가 좋아하는 뮤지션을 좋아하
지 않는 사람은, 그저 아무것도 모르는 거라고 생각했다. 듣
기만 하면 무조건 좋아하게 될 거야. 엄청나게 멋있으니까.
나에게 엄청난 거라면 다들 좋아할 게 분명하다고 생각했고,
각자 '좋아하는 것'이 다르다는 생각은 전혀 하지 못했다.

　뭘 모르네. 그렇게만 생각했다. 내가 좋아하는 곡을 모은
CD를 누군가에게 빌려줬는데, 그 사람이 "이 곡은…… 좀 기
분 나쁘지 않아?" 하고 웃으며 말했을 때, 이 녀석은 아무것
도 모른다고 생각했다. 모처럼 알려줬는데 이런 훌륭함을 알
아보지 못하다니. 그런 사람을 가엾게 여겼다. 하지만 나는
어째서 그 사람들에게 좋아하는 음악을 물어보지 않았을까.
그 사람에게도 분명 좋아하는 음악이 있을 텐데. 그걸 들어
봤더라면 좋았을 텐데. 그랬다면 나도 틀림없이, 그 사람이
좋아하는 것을 조금도 이해하지 못했으리라. 그 사실을 알았

더라면 좋았을 텐데.

'좋아해'라는 말에 느끼는 욕구불만 같은 게 있었다. 내가 이 뮤지션을 대단하다고 생각하는 마음이, 개인적이고 주관적인 것으로 끝나지 않기를 바랐다. '좋아해'라고 말하는 순간, 이 세상에서 나만 그렇게 느끼는 것처럼 보인다. 그럴 리가 없다고 외치고 싶었다. 이것은 누가 봐도 훌륭하고, 내가 '나'라는 인간이기에 좋다고 생각하는 게 아니다. 내 인생을 바꾸다시피 한 이 감정이, 누군가에게는 '남의 일'로 비치며 스쳐 지나가는 것을 견딜 수가 없었다. 그때 발견했다. '진짜'라는 언어를. '가짜'라는 언어를. 하지만 그 언어가 지닌 오만함도 눈치챘다.

나는 그럴듯한 말로 남들을 속이며 뮤지션의 대단함을 증명하고 싶었던 것이 아니었다. 사람들에게 그 음악의 훌륭함을 더 객관적으로 전하고 싶었다. 알아주지 않아도 돼, 하지만 이런 부분이 아주 멋있다는 것, 이 가사의 쓰임이 신선하다는 것을, 그런 말들을 전할 수 있다면 얼마나 좋을까. "좋아하지는

않지만, 그래도 네가 좋다고 하는 이유는 알 것 같다"라고 말해
준다면. 그것만으로도 충분할 텐데. 그러나 사실 그게 무엇보
다 어렵다. 내가 좋아하는 음악이 아닌 다른 음악들이 왜 좋은
지 이해할 수 없었고, 그렇게 냉정을 찾지 못할 만큼 내가 찾아
낸 음악을 좋아했기 때문이리라.

'진짜'나 '가짜'도 빌려온 말이다. 어른이라면 분명히 말할
수 있는 언어니까. 그래서 나도 그들에게서 빌려왔으리라.
그렇게 판단 기준도 없이 완전무장을 했다고 생각했다. 나의
감성은 절대적인 것이라고 믿었다.

그 무렵에 비하면 꽤 어른이 된 지금의 나는 진짜, 가짜 같
은 언어를 부정하고 싶지는 않다. 이건 진짜야, 라고 말할 수
밖에 없었던 그 시절의 내가 부럽기도 하다. 좋아한다는 감
정에 휩싸여, 세계가 거기 휘말려도 좋다고 믿었던 그런 몰
두를 지금도 하고 싶다.

아무도 모르게 좋아하며 살면 되는데. 어째서 나는 내가
진짜라고 생각했을까. 사실은 내가 푹 빠진 음악이 대단하다
는 걸 모두에게 알리고 싶었을 뿐인데, 어째서 나의 감성을

대단하다고 생각했을까. 그렇게 되면 더는, 모든 것을 빨아들이듯, 모든 것을 끊어내듯, 오직 하나만을 사랑하는 걸 할 수 없게 될 거야.

말하기 어렵다는 거 진짜야?

사람들과 대화하는 게 어렵다. 싫지는 않다. 일 이야기나 인터뷰는 나름대로 즐겁다. 하지만 그건 상대방이 나를 손님으로 대해주고 세심히 배려했기 때문이었다. 그렇게 인터뷰를 마치고 돌아가는 길에 생각을 고쳐먹으며, 죄송하고 또 죄송해서, 즐겁다고 들떴던 내가 부끄러웠다. 나는 '사람들이 내게 말을 시키는' 경우가 아니면 즐겁지가 않고, 다른 데서는 서비스 비슷한 대응밖에 할 줄 모른다. 차라리 내게 말을 시켜도 즐겁지 않다면 좋았을걸. 이것이 콤플렉스다. 이야기는 하고 싶지만 '대화'를 원하지는 않는다. 상대방과 조화를 이루려고 노력하지 않는다. 조화로움을 좋아하는 일이 불가능하다.

그럼에도 말하기 어렵다고 억지를 부리며 살아왔다. 나는 그저 내 멋대로 하고 싶었을 뿐이다. 알고 있으면서도, 나는 커뮤니케이션이 어렵다고, 타인이 무섭다고 반복했다. 그렇게 도망치며 평화를 손에 얻었다. 침묵 속에서 외로움을 느끼지 않는 나를, '강하다'고 오해했다.

대화가 싫다, 커뮤니케이션이 싫다, 일방적으로 내 이야기를 하고 싶을 뿐이다. 그렇게 대놓고 말하는 게 낫지 않을까. 하지만 아무래도 그건 힘들었다. 분위기 파악을 하라는 둥 하지 말라는 둥 그런 이야기를 처음 들었을 때, 나는 거짓말이라고 생각했다. 커뮤니케이션의 핵심이 '분위기'에 있다니, 거짓말이라고 생각했다. 지금까지 쭉, 분위기라면 읽을 줄 안다고 생각했는데, 분위기를 읽었다고 해도 그 뒤에 어떻게 하면 좋을지 알 수 없었다. 그게 무엇보다 괴로웠다. 상대방이 화가 난 것 같은데, 알겠는데, 뭘 어떻게 하면 좋을지 몰라서 식은땀만 흘려댔다. 내가 뭘 잘못 말한 것 같다고 눈치는 챘는데, 그런 다음 어떻게 해야 할지를 몰랐다.

"여기서 분위기를 띄워야 해."

"웃긴 이야기로 재미있게 만들어야 해."

"상대방이 원하는 말을 해야 해."

나는 아주 깨끗한 거울이 되었다. 아무도 나와 말하고 싶어 하지 않으니까, 그 사람이 상상하는 내가 되어야 하고, 그 자리의 부품으로 움직여야 했다. 응? 왜 그렇게까지 해야 하지? 이해받고 싶은 마음은 눈곱만큼도 없고, 당신에게 하고 싶은 말도 전혀 없는데? 그래도 당신이 나에게 무언가를 강요한다면, 그건 다른 이야기다. 나는 내 안에 있는 '침묵하는 나'를 지키고 싶고, 침묵하는 나와 모순되는 말은 하고 싶지 않다. 그걸 두고 제멋대로라고 한다면 제멋대로 하게 두어라. 사실은 그냥 내 기술이 부족할 뿐이다. 기술이 너무 부족해서 나를 희생시키는 방법밖에 몰랐다. 그렇게 나는 분위기를 가라앉혔고, 사람들로부터 기대 이하라는 표정을 짓게 만들었고, 지루한 애라는 소리를 들어왔다. 그때마다 괴로웠다. 고집스러운 건 나인데, 미숙한 건 나인데, 이미 거기서 나는 지쳐버렸다.

대화가 싫어. 그 말을 못 한 것은 아마도 그런 까닭이리라. 말하기 어렵다고 한 것도, 그런 탓이다. 나도 언젠가 재미있는 사람이 되어서, 모두와 즐거운 시간을 보낼 수 있을지도 모른다고, 한편으로는 기대하고 있다. 그걸 포기 못 하고, 인터뷰에서 내 말에 분위기가 싸늘해지지 않고 상대방이 어이없어 하지 않으면, '즐겁다'고 느꼈다(사실은 인터뷰하는 사람의 기술 덕분이었지만). 나는 제멋대로고, 내가 소중하고, 그래도, 그렇다고, 혼자 있는 시간만을 사랑하는 건 아니었다. 다른 사람들과 즐겁게 보내는 시간이 무조건 싫은 건 아니었다. 동경합니다, 즐거운 대화. 분위기를 파악하는 즐거운 대화, 할 수만 있다면 나도 하고 싶다. 하지만 앞으로도 나는 나를 지키는 일을 우선시할 것이고, 거기에 또 다른 자신감이 있으니, 후회는 없다. 다만 즐거운 대화를 하면 좋겠다. 이루어지지 않더라도, 쭉 생각하고 싶다. 그래서 괜찮다고 생각한다. '대화가 싫다'도, '커뮤니케이션이 싫다'도 아닌, '그저 말하기가 어렵다'로 괜찮다고 생각한다.

나는
내가
너무 좋아

나는 나를 무척 좋아하는 인간이라고 생각했는데, 요즘은 아닐 수도 있겠다는 생각이 든다. 칭찬받는 걸 좋아하지만, 그런 인간은 꼴불견이라는 사회 분위기가 있어서, 조금이라도 칭찬받은 얼굴을 하면 "자기애가 엄청 강하네" 하는 소리를 들을 것만 같다. 그런 것에 영향을 받은 건지도 모른다.

하지만 잘 모르겠다. 내가 나를 좋아한다고 해서, 그게 뭐가 나쁘다는 걸까? 잘된 일, 힘겹게 겨우 해낸 일, 그런 일을 '기쁘다!'라고 생각하며 '칭찬받고 싶다'고 바라는 일이 그렇게 나쁜 일일까? 칭찬해달라고 직접 요구한다면 귀찮다거나 시끄럽다는 감정이 생길 수는 있겠다. 그렇지만 "난 내가 너무 좋아"라고 말하는 것을 비난할 수 있을까? 나는 '칭찬받고 싶다'고 생각하는 마음이 '자기애'와 관련이 있다고는 생각하지 않는다. 그야 내가 아무리 훌륭한 인간이라고 해도, 반드시 나를 좋아해야 하는 건 아니니까. 거꾸로, 내가 그만큼 최악의 인간이라도, 나를 좋아하게 되어버리면 모든 걸 받아들일 수밖에 없다.

　나는 소중하다. 나는 내가 돌보지 않으면 안 되는 존재고, 내가 키우고 있는 존재라고도 할 수 있다. 그러니 나에 대한 집착은 있다. 하지만 나라는 존재를 좋은지 싫은지로 판단할 건 아니다. 그야 좋건 싫건, 어차피 나는 여기 있으니까. 나의 실패에 대해서는 "왜 그랬어!" 하고 추궁하고 싶기도 하다. 열심히 한 나에게 "대단하다!" 하고 칭찬하고 싶기도 하다. 하지만.

　어차피 여기 있다. 현실이 쭉 여기에 있다. 좋고 싫고 같은

'꿈'은 좀처럼 볼 수 없다. 나는 '좋아해'나 '싫어해' 같은 말은, 뭘 하든 사랑스럽고, 뭘 하든 미운 것과 같은 것이라고 생각한다(그 밖에는 평범하다). 실패하면 '나, 이 새끼!' 하고 화가 나고, 성공하면 '나, 최고다!' 싶다. 그걸로 족하다. 그게 딱 좋다. 세상과도 온도가 적당히 맞는다. 실패해도 깔깔거리며 웃는 인간은, 옆에서 보기에도 좋지 않다. 성공해도 기뻐하지 않는 인간은, 아니꼬워 보일 것이다. 세상의 인간 대부분은 나를 좋아하지도 않고 싫어하지도 않으니, 나도 나를 좋지도 싫지도 않은 상태로 두고 싶다.

옛날에는 "자기가 그렇게 좋은가?" 하는 식으로 교실에서 비웃음당할까 봐 필요 이상으로 겁을 냈다. 하염없이 내 이야기만 하는 건 삼가자. 칭찬받더라도 기쁜 표정을 짓지 말자. 그런 것에 유난히 신경을 썼는데, 동시에 대단히 불합리하다는 생각도 했다. 내가 나를 좋아한다는 이유 하나 때문에 나를 부끄럽게 여길 것인가. 못됐다고 지적할 것인가. 지금은 내가 내 이야기를 하고 칭찬받아 기뻐하는 일이, '나를 좋아하기' 때문은 아니라는 것을 알고 있지만. 당시에는 그걸 몰랐다.

　사람들은 자기 자신을 좋아하는 걸 그저 '칭찬받고 싶어 하는 아이'가 아니라, 훨씬 더 방약무인한 에고이스트라고 지적했다. 하지만 그렇다고 해서, 칭찬받고 싶어 하는 그 타이밍에 그런 말을 하는 건 문제다. 실패해도 기죽지 않는, 바로 그런 타이밍에 지적해야 한다. "나 최고!"라는 기쁨을 때려눕히지 마라. 이건 자기를 향한 사랑이 아니라, 단순한 축복이다.

　축복으로 족하다. 저주도 종종 있다. 나를 중심에 두고서만 내 인생이 존재하므로, 내가 한 일, 내가 해낸 일에 제일 큰 리액션을 하게 된다. 그러니 행복과 저주가 있으리라. 얼마나 엉망인가, 얼마나 최고인가. 그런 반복 속에서 내가 나를 좋아하는지 아닌지는, 이 세상에서 제일 상관없는 일이다. 싫다거나 좋다는 그런 거, 진짜로 상관없다. 그렇게 간단하게 나에 대한 태도를 고정하는 일은 불가능하다. 그야 나는 완벽하지 않고, 나도 예상할 수 없는 일을 하니까. 나도 나에게 휘둘리며 살아간다. 하지만 죽을 때까지, 나는 나와 떨어질 수 없으니, 좋지도 싫지도 않은 상태로 쭉 '나'에게, 반응하며 살아간다.

동경은
굴욕

　누군가를 숭배하게 되면, 그길로 나는 영원히 그 사람에게 지고 만다. 그렇게 생각하면서도 나는 열다섯 살에 블랭키 젯 시티의 음악을 좋아하게 되었다. 뮤지션이 되고 싶다는 생각은 꿈에도 없었다. 아니, 가슴 한구석에서는 뮤지션이 되고 싶다며 나를 속이고 있었지만, 조금도 진지해지지는 않았다. 만약 뮤지션이 되었다고 해도 남성 그룹 블랭키의 보컬 아사이 겐이치가 될 수는 없으니까. 그렇다면 의미가 없고, 어쩐지 살아가는 의미도 없을 것만 같다는 기분이 들었다. 진심으로 그렇게 생각했다. 바보 같은 생각이라는 건 잘 알지만. 내가 지금 무슨 소리를 하고 있나? 하고 나도 종종 생각한다. 그래도 이 패배감은 사라지지 않았다. 잊을 수가 없었다. '청춘은 경멸의 계절'이라고 나는 쓴 적이 있다. 딱히 틀린 말은 아니다. '경멸'하고 싶었다. 누구를 바보로 만들고 싶은 게 아니라, 아무도 숭배하고 싶지 않았기 때문에. 누굴 숭배해버리면 나는 간단히 나를 상실하고 말리라.

그전까지는 내가 '좋아하는 것'에 자신이 없었다. 다른 사람이 골라준 것에도 어느새 애착이 생겨서, '이 정도면 괜찮지' 하는 나에게 정말로, 정말로 믿음이 가지 않았다. 어쩌면 내게는 의사意思라는 게 아예 없는 게 아닐까? 그래서 불안했다. 휩쓸리고 저항할 수 없어서 결국은 좋아하게 되어버렸습니다, 와 같은 절대적인 만유인력과도 같은 만남. 당시에는 아직 아무것도 몰랐고, 모른다는 게 부끄러웠다. 남이 뭐라고 하든 좋아한다. 그렇게 생각할 수 있는 게 아직 없었다. 어렴풋이 좋아하기는 해도, 그런 '좋아해'는 너무 얕아서, 어쩐지 나 같은 건 어디에도 없는 듯한 기분이 들었다.

블랭키 젯 시티를 좋아하게 된 것은 나에게 큰 사건이었다. 그래서 지금도 이 밴드가 내 마음속의 전당을 차지하고 있다. 누가 무슨 소리를 해도 흔들리지 않는, 좋아한다는 감정을 발견했다. 동시에 내가 제대로 이 세계에 존재하고 있었다는 걸 확인하는 계기가 되었다. 하지만 이로써, 나는 나의 현실을 알게 되었다. 내가 아주 미미한 존재라는 것. 내가 블랭키의 아사이 겐이치가 아니라는 것. 아——!

　(지금껏 아주 당연하다는 듯, 좋아하는 걸 찾아내는 게 자신을 발견하는 일이라고 썼지만, 사실은 아무리 좋아하는 걸 찾아내도 그것은 결국 타자며, 자신의 외부에 있다. 자기 자신의 내용물은 결코 될 수 없다. '좋아하는 것'을 늘어세운다 해서 그게 내 프로필이 되는 것은 아니다. 단 하나의 확실한 것은 맹렬하게 좋아한다는 감정이며, 그것만큼은 나 자신이라고 말할 수 있을지도 모른다. 하지만 그것조차 감정 그 자체는 아니고, 감정을 토해낸 '무언가'만이 자기 자신이다. 줄을 튕기면 소리가 나지만, 그 소리를 내는 건 내가 아니라 현이니까.

　좋아한다는 건 무언가를 나에게 집어넣는 것이 아니라 세상에 대한 나의 응답이리라. 그렇기에 나의 '좋아해'가 묽고 연하면 현에서 소리조차 나지 않는다는, 세상에 응답조차 못한다는, 불안감에 빠진다. 세상에 떠밀려 시키는 대로 기뻐하고 화를 내며 살아가고 있는 건 아닐까. 안 그래도, 안 그래도 불안한데 말이다.)

　엄청나게 좋아하는 걸 찾아냈을 때, 나는 전혀 채워지지 않았다. 좋아하는 것은 일방적으로 나의 사상을 삼켜버릴 뿐 내가 풍부해지는 일은 없었으며, 오히려 세상이 풍부하다는 사실을 깨달았을 뿐이었다. 그 사실에 상처 입었지만, 그래도 나는 이 세상에서 살아가야 한다. 세계가 풍부하다는 것은 오히려 만세를 불러야 하는 상황이 아닌가. 내가 훌륭하든 아니든. 귀엽든 아니든. 나는 나라는 공간이 아닌, 세상이라는 공간에서 살아가야 하니까! 세상이 생활이며, 매일이다. 세상이 풍족하다는 사실은 말도 안 되게 훌륭한 것이 틀림없다. 나는 충족되지 않았다, 하지만 나의 생활은, 나의 인생은 충족되었다! ……굉장히 이상한 기분이 든다. 세상이 나를 이기건, 내가 세상을 이기건, 그리 즐겁지 않을 것 같다. 둘 다 이겨야 하나? 그건 무슨 뜻이지? 잘은 모르겠지만 이제 어쩔 수 없다는 것만은 알겠다. 힘들고 슬프니까, 가능한 한 좋아하는 아티스트를 늘리고 싶지 않다. 그런 생각을 하며, 계속해서 음악을 듣고 있는데, 이것도 욕망에 충실할 뿐이다. 굴욕, 무섭네. 하지만 굴욕을 좇아, 나는 살아가겠지.

귤 먹고
싶다.

과일은 가격에 따라
격차가 꽤 커서
비싼 건 비싼 만큼
맛있어.

이 귤 한 개에
천 엔이나 해!

뭐, 정말?

?

진짜,
얄미워….

이렇게 맛있는 걸
부자들은 매일
먹을 수 있겠지?
부러워….

부러우니까
말이라도 해본다.

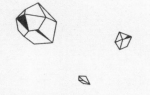

너에게
마음을
열지 않는다

옛날에는 내가 어떤 사람인지 모르겠다는 사실을 당연하게 받아들였다. 내가 없어지면 세상도 같이 사라진다고 믿었기에, 내가 어떤 사람이든 상관없었다. 내가 '세상의 관측 지점'이며, 내가 없어지면 세상도 사라지므로 그걸로 충분했다. 그렇기에 넓은 세상이 비뚤어져 균형을 잃는 것이 불쾌해 견딜 수가 없었다. 이런 이야기를 해도 내 마음이 전해지지 않을 거라는 생각도 든다. 나는 나의 존재를 당연하게 받아들였고, 그래서 내가 어디까지 깊이 뿌리내릴 수 있을지, 어디까지 진지하게 뻗어나갈 수 있을지에 흥미가 없었다. "있으니까 있는 걸로 된 거 아닌가?"라는 지경이었으니, 중학생이 되어서 다들 다양한 생각을 갖고 있다는 사실을 알고 충격을 받았다. 모두 자기 마음을 저렇게 소중히 여기는구나, 하고 놀랐다.

기분은 어떤 사건에 대한 반응으로 발생하므로 아무래도 사건이 주主라고 생각한다. 기분은 종從. 그러니 '슬퍼서 견딜 수가 없어'보다는 '나를 슬프게 하는 사건이 왜 일어날까?'를 알아보고 고민하고 싶다. 불만을 터뜨리기보다는 "왜 그런 행동을 합니까?"라고 묻고 싶고, 상대방의 기분보다는 이유를 아는 것이 중요하다고 생각한다. 상대가 어떤 욕구를 갖고, 나를 상냥하게 대하는지, 혹은 냉정하게 대하는지를 알고 싶다. 다들 뒤에서 험담하는 걸 이해할 수 없다. 화가 난다면 "왜 그런 행동을 하죠?" 하고 물어야 한다. 그렇지 않으면 주종관계의 주인 '사건'에 소홀하게 된다. ……라는 생각을 하다 보니, 내가 점점 까다로운 사람인 것처럼 느껴진다. 기분은 기분인 채로 좋고, 원인을 해결하는 게 아니라 기분만 해소할 수 있다면 그게 제일이라는 가치관이 너무 무서웠다. 우리는 마음이 있다, 마음이 있기 때문에 마음을 최우선으로 생각한다는 가치관이 의문스럽다. 나는 마음을 최우선으로 생각한다, 하지만 '원인'이 있는 마음은, 그냥 '마음'이라고 할 수 없었다.

인간은 타인일 뿐이고, 타인과 커뮤니케이션하며 사이좋게 지낸다는 게, 어떤 의미인지 잘 모르겠다. 다들 잘 알고 있을까. 말을 하지만, 그것은 '말을 한다'라고 하는 연기다. 커뮤니케이션을 하지만, 그것은 '커뮤니케이션'이라고 하는 연기다. 마음을 마음인 채로 둔다면, 언어는 통하지 않는다. 마음은 계속 고독하다. 그래도 눈앞에 있는 그 사람을 어떻게 마주할 것인가. 그걸 생각하는 게 진짜 커뮤니케이션이다. 하지만 그런 일은 거의 불가능하며, 불특정다수와 이것이 가능할 리가 없고, 그래서 다들 연기를 한다. 원활하게 나아간다. 그러면서 이것이야말로 커뮤니케이션이라고 믿는 것이 아닌가.

이유 따위 없어도, 슬프고 아프고 괴롭고 즐겁고 용서할 수 없다. 무엇이 나쁜지, 어떻게 하면 좋을지, 그런 것은 피상적인 문제일 뿐이며, 사실은 아무것도 없어도 괴롭다. 그건 왜 그렇지? 하고 묻는 것도 시시하다. 애초에 나라는 건 없고, 그저 '괴롭다'는 감정으로서 그 순간, 그 자리에 서 있다. 그것을 이해한다거나 이해하지 못한다는 소리를 들어도, 무엇을요? 하고 말할 수밖에 없다. 있으니까 있다, 존재하니까 존재한다. 그 이외에 달리 무엇이 있을까. 타인은 이런 소리에 그저 난처해하리라. 타인이야 나와 나의 마음이 세상에 '있다'는 사실을 알 리 없지만, 나까지 나를 타인처럼 대한다면 끝 아닌가.

기분을 전하려 한다거나, 마음을 허락한 존재라는 말을 하지만, 사실 나 자신도 내 마음을 잘 모르겠다. 자기 마음이나 기분을 소유물처럼 대하면 타인에게 보이는 정도밖에 마음이 보이지 않는다. 이유나 원인이 있는 마음만이 내 안에 남는다. 그렇게 인간은 인간을 연기하는 것일까. 내가 어떤 사람인지 알 턱이 없고, 나를 중심으로 일어나는 감정의 소용돌이에 휘말려 살 뿐이다. 그렇기에 계절에 따라 바뀌는 경치나, 음악이 아름답게 들리는 날을 소중히 하고 싶다.

그리하여 타인이라는 존재가, 진정한 의미에서 선명하게 느끼는 때가 오는 게 아닐까.

타인을 알지도 못하고, 타인과 친해질 리도 없으며, 전부 아는 일은 결코 불가능하지만, 그것은 몇 시간 봐도 질리지 않는 그림처럼 선명하게 거기 있다. 나는 그래서 언어가 풍부한 거라고 생각한다. 나는 당신에게 나를 설명하기 위해 언어를 긁어모으는 게 아니다. 그저 서로에게 보이는 그 선명함에 손을 뻗고 싶어진다. 그리고 최선을 다해 고른 언어야말로, 인간과 인간을 이어준다. 모르는 채로, 타인인 채로, 이어지지 않은 채, 그저 나와 당신은 그래도 여기 존재한다는 사실을, 언어는 지속해서 시간에 새긴다.

안녕하세요, 저는 음치입니다

노래에 소질이 없다. 그런 거야 아무래도 상관없는 일이다. 음치라서 죽는 일도 없고, 프로 가수도 아니고, 노래를 못한다고 문제 될 건 없다. 하지만 그게 콤플렉스가 된 것은, 노래를 못한다는 걸 깨닫지 못하고 살아온 시간이 있기 때문이다. 이제 거의 기억도 나지 않지만, "너 진짜 음치네" 하고 처음으로 남에게 지적받았을 때, 전신을 감돌던 감각만큼은 지금도 내 몸 깊숙한 곳에 달라붙어 있다. 혈액이 역류하는 듯한, 이제까지의 자신감을 모조리 뒤엎는 듯한 부끄러움, 자존심, 자의식 과잉이었다. 노래를 잘하는 사람처럼 보이고 싶었다. 못한다고 비웃음을 당하면 나의 가치가 땅에 떨어진다고 믿었을 만큼 멍청했다. 그래서 "못한다"는 소리를 듣는 게 지금도 무섭고, 이럴 거라면 차라리 내가 먼저 말하고 싶다. 저는 음치입니다. 노래를 아주 못합니다. 그렇게 말해버리면, 노래를 못한다는 게 별거 아니라는 기분이 든다.

그랬다면 애초에, 자긍심도 없었던 게 아닐까? 노래를 못 부른다고 스스로 말할 수 있었다면, 당당해하지도 못했을 것이다. 땅에 떨어진 가치 같은 건 처음부터 없었다. 그저 결점을 지적받으면 내가 나를 너무 과대평가했다 싶어 무서워진다. 물론 나는 내가 '오만한 인간'이라고 생각하지만, 내 노래 실력이 분명 평균 정도는 될 것이라고, 보통의 음감을 갖고 있을 거라는 기대가 '오만'일 리는 없지 않은가. 어쩌면 피해망상이었나? 자존심에 상처를 입었다고 생각했지만, 자존심 같은 건 지적을 당하기 전까지 있지도 않았다. 나의 결점을 듣는 순간, 나 혼자서 나에게 과분한 기대를 했다는 걸 깨달았다. 자기를 그렇게 소중히 하지도 않았으면서. 나는 나를 그렇게까지 사랑하지는 않는다.

노래를 잘한다고 부모님께 칭찬받았던 기억이 있다. 그게 아직 뇌리에 남아 있었다. 하지만 그걸 진심으로 믿은 것도 아니고(부모 말고는 칭찬을 들어본 적 없었고), 어릴 때는 힘차게 노래했기 때문에 '잘 부르는 것처럼' 보였으리라. 하지만 당시 부모님의 말을 마음 깊이 새겼다면, 내가 스스로 "음치입니다"라는 말은 결코 하지 못했으리라. 못한다는 소리에 상처받았을 테고, 상처받은 자존심은 분명 실재했으리라. 그게 조금 부럽다. 상처받으며 느꼈을 부끄러움과 답답함은 엄청난 것이었겠지만. 그래도 나는, 허무함을 느낀다. 음치입니다, 라고 선언하면서도 부끄러워하지 않는다. 노래를 잘 부르고 싶다는 생각조차 없고, 연습은 전혀 하지 않으며, 별문제가 아니라고 진심으로 믿는다. 그런 나는 어딘가 지루하다.

인간은 누구나 잘하는 것과 못하는 것이 있다. 고만고만한 수준도 하지 못하는 일이 누구에게나 있으며, '살아가는' 일에 지장이 없다면 그런 결점, 신경 쓰지 않아도 된다. 하지만 나는 노래하는 걸 좋아하지 않는다. 싫어하지도 않고 흥미가 없다. 노래를 못한다는 것보다 먼저, 그 사실을 깨달아버렸다. 가족들에게, 그토록, 칭찬을 받았으면서 말이다.

연애 따위 기분 나빠 증후군

연애에 대해 써보자. 연애만큼 자기만의 룰이 강한 것도 없다. 10대 때는 연애가 너무 싫었다. 어째서 좋아하고 싫어하는 것으로 사람을 판단하는지, 어째서 선택된 누군가와 선택받지 못한 누군가가 생기는지. '그런 거 정말 기분 나빠, 로맨틱이라는 가면을 쓰고 있을 뿐이잖아, 기분 나빠'라고 생각했다.

애초에 감정이란, 발생 후 거기에 어떤 이름이 붙는지 배우고 나서야 '아, 기쁘다는 건 이런 기분이구나' 하고 이해하기 마련이다. 하지만 사랑은 뒤늦게 이름이 붙는다. "너 그거 사랑이야"라는 말을 들어도, '응? 무슨 말도 안 되는 소리야' 하는 생각밖에 들지 않는데, 여러분은 어떻게 '아, 이것이 사랑이구나!'라고 납득합니까.

사랑에 대한 말은 너무 흔해서 광고 카피에도 자주 등장한다. 상품을 파는 데 사랑만 한 게 또 있을까? 실제로 '아, 이건 사랑이다!' 싶을 때는 조금 비싼 화장품이나 옷도 저항 없이 사게 된다. 그렇다고 한다면 연애는 상업적이다. 자본주의 사회 시스템의 윤활유 비슷한 존재다. ⋯⋯라고 지금도 좀 삐딱하게 쓰고 싶은 기분인데, 제삼자가 보기에 사랑은 그 정도로 합리적이지 않고, 근거도 없고, 이해 불가능하므로, 당사자도 자신을 이성적으로 설득할 수 없다. 애초에 삐딱한 것이 사랑이리라. 하지만 10대 때는 도무지 이해할 수가 없었다. 그저 화가 나고, 사랑을 믿을 수 없어서 기분이 나빴다.

연애하는 친구들 모두가 들떠 있었기 때문인지, 그 연애가 진짜 연애가 아니었기 때문인지, 다들 적당히 타협한 것처럼 보이는 것도 무서웠다. 선생님에게도 가족에게도 친구에게도 반항적이던 아이가 어째서 저렇게 나른해졌을까? 연애하는 친구들은 대부분 지루해 보였다. 그것만으로도 나에게 연애는 일종의 감염병이었다.

그렇다면 이제부터 내가 어떻게 사랑이라는 감정이 진짜 있다는 걸 알게 되었는지에 대해 쓸 것이냐 하면 그럴 리 없고, 나는 여전히 연애란 대체로 감염증병이라고 생각한다. 이것은 오해도 아니고, 단순한 본질이다. 마치 화를 내는 것과 같다. 분노하는 것과 같다. 그저 기분 나쁜 일이다. 그러니 인류는 연애를 손에서 놓지 못한다. 이성에게 매료되는 척하며 속박받는 나날이기에!

타인을 사랑하는 일이 어째서 훌륭한 일인지 이해가 가지 않는다. 누군가를 사랑하면 누군가는 사랑받지 못한다. 선택이 발생한다. 모두를 사랑하는 일 외에 훌륭한 건 없다. 오히려 딱 한 사람을 골라 사랑하는 건, 아무도 사랑하지 않는 사람보다 훨씬 더 이기적이지 않은가? 사랑하는 사람을 위해서라면, 그 사람 이외의 다른 사람을 함부로 대하는 일도 생기지 않나? 그것은 아름다운 일인가? 세상에 사랑이 없다고 할 수는 없지만, 사랑을 아름답거나 훌륭하다고만 말하는 것 역시 기분이 나쁘다. 내 주관일 뿐이지만(기분 나쁘니까 일단은 아름답다고 말해두는 것인지도 모르겠다). 사랑이란 단순히 두 사람 사이의 관계에 다름 아니다. 그럼에도 거기에 보편적인 가치를 붙이려 한다. 기분 나빠. 의식적인 일, 아름다운 일로 만들어야만 하는 이해타산에 지친다. 사랑을, 타인을 향한 폭력이라고 생각하며 휘두르는 사람이 아니라면, 신용할 수 없다.

연애는 전혀 나쁜 일이 아니며, 그러나 전혀 좋은 일도 아니고, 신성한 일도 아니고, 로맨틱한 일도 아니고, 그저 두 인간이 이 사람을 소중히 하자고 결심하는 일일 뿐이다. 내가 아끼는 인형을 보며 "나는 이것이 아주 소중해"라고 말한다고 해도 남이 본다면 심드렁하리라. 사랑에도 그 정도의 차분한 가치를 부여하면 좋겠다고 예전에는 생각했다. 그러나 그렇게 되면 사랑에 휘둘리는 일이 미담도 뭣도 아니게 되니, 사회로서는 별로인지도 모른다. 사는 동안에는 어쩔 수

없이 겪어야 하나 보다. 사랑은 기분 나쁘고 과잉되었지만
필요악 같은 것일까. 그런 세상이 제일 기분 나쁘다.

나쁜 사람 같은 건 없다고 생각해

누굴 만나면 쉽게 좋은 사람이라고 생각한다. 10대 때는 이게 심각한 문제였다. 사람을 지나치게 잘 믿었다. 인간은 거짓말을 못하는 존재라고 생각했다. 주변 어른들이 고지식해서 손해 보는 경우가 많았고, 거짓말을 싫어했기 때문이라는 이유도 있겠다. 이 세상에 악인은 없어. 거짓말은 없어. 그렇게 생각했다. 하지만 그건 내가 축복받았다기보다는 속이는 어른이나 아이가 있었지만, 그때마다 좋은 사람이라고 믿어버리는 내가 정말 바보였던 것이다. 진심으로 미웠던 사람도 있었지만 잊어버렸다. 꽤나 덜렁거리는 성격이라, 누가 나를 철저하게 상처 주거나, 무언가를 속이며 훔쳐가기 전까지는, 나쁜 사람이 아닐까 하고 의심하지 못했다. 나쁜 사람을 알아보는 눈이 전혀 없었다.

진짜 내 문제는 다들 좋은 사람이라고, 나쁜 사람일 리가 없다고 믿으면서도, 그 사람들을 좋아하지는 않는다는 점이다. 그저 벌벌 떨며 사는 게 귀찮아서, 문제에 직면할 때까지는 그냥 다 좋은 사람이라고 해놓고, 나만의 세계에 잠기고 싶을 뿐이다. 그러니 나쁜 사람한테 혼쭐이 나도 정신을 못 차리고, 다시 생각해보려고도 하지 않았다. 이런 바보, 하고 반성하면서도 그냥 이렇게 살고 싶다고 바랐다. 당시 나도 인간을 믿지는 않았고, 진정한 의미에서 '좋은 사람'이라고 생각한 사람도 없다. 뭐랄까, 타인을 '좋은 사람인지 아닌지'로만 판단하는 건 문제가 있다. 그냥 사랑하자고요.

말하자면 나는 쓰고 싶지 않아서, 모두를 '좋은 사람'이라고 간주한 것은 아닐까. 당시 나는 내가 인간으로서, 제대로 인간의 무리 속에 있다고 믿었고, 제대로 인간을 보고 있다고 생각했다. 사람 좋은 사람으로 남고 싶었던 것 또한 '겁먹은' 것이라고는 생각하지 못했다. 고통스러운 일을 마주하기 전까지, 나는 안심의 별에 살고 있다고 나를 타일렀다. "그 또한 상처 입는 방법입니다. 사실 이 세상에는 상처 입는 방법밖에 없는 게 아닐까요. 그래도 혼자의 세계에 갇히는 것보다는 낫죠?" 솔직히 지금도 이렇게 말하고 싶지는 않다. 어쨌든 나는 이제 어른이 됐다. 좋은 사람인지 나쁜 사람인지는 모르겠지만, 일을 해보면 성실한 사람과 불성실한 사람은 확실히 드러난다. 일을 하는 동안 작업은 착착 진행되고 성실성은 확연히 눈에 띈다. 의식하지 않을 수 없다. 그러니 성실한 사람을 만났을 때(그 사람의 사생활은 모르지만), 대단히 기쁘다는 사실을, 그저 그 말을 하고 싶었습니다.

음 악 에

구 원 받은 적

♪ 없다 ♭

음악을 숭배할 수 있는가. 음악에 구원받았다고 단언할 수 있는가. 믿을 수 있는가. 가치관을 맡길 수 있는가. 여기에 모두 NO인 내가 '음악을 좋아한다'고 말할 권리가 있는가. 절박함이 없다는 게 콤플렉스였다. 이렇게 말하면 나 자신에게 엄격한 것처럼 들릴지 모르겠지만, 단순히 '음악에 구원받았다'고 말하는 사람을 향한 질투다.

구원받았다는 말을 잘 모르겠다. 무척 강렬한 체험을 말하는 경우가 많을 텐데, "이 작품이 저를 구원했습니다"라고 말하는 사람을 볼 때마다 인생을 건 설득력 비슷한 것에 압도되었다. 이 작품으로 인생이 바뀌었다. 이 작품으로 평생의 숙제가 해결되었다. 그렇게 회자되는 뮤지션은 어떤 기분이 들까. 기쁘겠지. 그것은 분명 내가 "진짜 멋있고…… 진짜 멋있었어요!!"라고 말하는 것보다는 강렬하게 들릴 것이다. 그렇게 생각하면 불쑥 화가 나기도 했다, 10대 때는. 나는 내 말에 아무런 설득력이 없다는 걸 차차 깨닫기 시작했다. 거대한 불행에 휩싸인 것도, 강렬한 행복에 젖은 것도 아니다. 평범하게 사는 나는, 평범한 말밖에 하지 못한다. 그건 어쩌면 축복받은 것일 텐데, 내 안의 감동도 충격도 아픔도, 사회에서는 초라한 부류이리라. 그런 것만 신경 쓰고 있었다. 나의 기분은 내 안에만 있는 것이니 외부의 기준을 굳이 신경 쓸 필요가 없는데, 그래도 어쩌다가, 누군가에게 내 마음을 전하고 싶을 때 이 초라함이 나를 덮쳐온다. 확실하게. 내가 나의 감정이 최고라고 생각할 수 없다면, 어떻게 눈이 빛난다고 할 수 있을까. 어떻게 성실을 말할 수 있을까. 학생인 내가 뮤지션과 말할 기회가 있을 리 없고, 그런 기회가 찾아올 리도 없는데, 공연장에서 그 사람 앞에 섰을 때 나는 깨달았다. 내가 대단히 수줍어하고 있다는 것을, 공연의 '일체감'에서 뒤떨어지고 있다는 것을. 몸이 몹시도 불편했다. 공연장에서는 항상 너무 불편했다. 좋아하는 음악이고 뮤지션이라고 해서, 내 마음이 활짝 열리는 느낌은 들지 않았다. 다 같이 하나가 되자, 라거나 그 비슷한 것을 이해하기 어렵다고 할까, 내가 지금 원하는 건 이게 아니라는 생각이 마음 깊은 곳에서 분명해졌다. 눈앞에 있는 뮤지션을 향해 나의 몸과 마음이 할 수 있는 일은 아무것도 없었다. 나는 내 안에서 전부 만족하고 있었다. 그게 초라해서, 그래서 사라지고 싶다고 라이브 공연을 보는 동안 늘 생각했다.

뮤지션은 타인이고, 스테이지는 밝고, 객석과는 다르고, 일방적으로 그것을 보려고 티켓을 샀다. 공연은 연주자와 관객이 함께 만들어가는 것이라는 주장은 감동적이고 무척 좋아하는 말이지만, 그게 나에게도 가능하냐고 묻는다면 자신이 없다. 뮤지션은 스테이지와 스피커 사이에 존재할 뿐이고, 나와는 아무 연고도 없는 존재다. 그 사실은 변함없고 그걸 비난할 사람은 없다. 음악은 일단 받아들이고 나면 나의 것이다. 뮤지션조차 관계가 없다. 헤드폰 속에서만 나 혼자만의 것이 된다. 남남이라는 생각이 들면서도 상처받지 않는 내가 슬펐다. 그 사람과 같은 공기를 마신다는 데 감동하고 싶은데, '어, 나왔다' 정도밖에 생각이 나지 않는다. 나는 역시 사랑이 부족한 게 아닐까? 그런 생각이 들자 몸이 움직이지 않았다. 음악에 몸을 맡길 수가 없었다. 막대기처럼 우뚝 서서, 박수도 치지 못하고 그저 가만히 보았다. CD하고 똑같네! 그렇게 생각하며. 하지만 누가 그것을 "수줍음이 많네"라거나 "사랑이 부족하네"라고 질타할 때, 거만한 소리다 싶다. 내가 이 음악을 얼마나 좋아하든 당신과는 상관없고, 당신의 사랑과 비교할 필요가 없을 텐데 어째서? 자신의 사랑을 강조하기 위해서, 타자의 사랑을 헐뜯는 사람은 슬프기 짝이 없다. 하지만 그건 나 자신에게도 해당하는 말이다. 나는, 나의 사랑을 나에게 증명할 필요가 없다. 내가, 사랑하고 있다면 그것은 사랑이고, 나 자신조차 그것을 의심할 권리는 없다.

그럴 때 나는, 나라는 인간에게 거만했다고 생각한다. 좋아한다는 것은 기묘한 감정이다. 왜 좋아하는지 설명할 수 있다면 그것은 '좋아하는 게' 아닌 게 아닐까 하는 생각까지 든다. 좋아하는 감정이 넘치기에 그 이유를 설명하고 싶어지고, 그 한계 없음에 기쁨을 느낀다. 나조차 전모를 모르기에 이 감정을 '좋아해'라고 부른다. 나는 구원받지는 않았지만 좋아했다. 구원받았다는 사람도, 구원받았다는 말 한마디로는 다 표현할 수 없어서 좋아하는 것이다. 그 사실을 안 순간, 나는 좋아한다는 감정을 한층 더, 좋아하게 되었다.

저에게
말 걸지
마세요

　난처하네. 누가 내게 말을 거는 게 너무 무섭다. 당황스럽고 불안하다, 라고 마음속으로 생각한다. 살면서 그런 실례를 거듭 반복한다. 누가 말을 걸어주면 고마운 일 아닌가. 적어도 실례가 되지 않도록 기뻐하자. 그러면서 말하는 걸 좋아하는 사람인 척 연기하고 있기에, 누가 내게 말 거는 게 더 싫어진다.

　친구는 필요 없다. 사이좋게 지내기 싫다. 거리를 좁히기 위한 화법이나 기술을 부디 쓰지 말아주기를. 사교적인 말씨가 왜 필요한지 모르겠다. 칭찬을 받아도 난처하고, 공통점이 있다고 말해줘도 난처하다. 그리고 일부러 실례되는 말을 해서 마음의 벽을 허물어버리려고 하는 건 또 뭔가요? 헷갈리는 건 제 쪽입니다. 아무튼 대답을 많이 해서 이야기하는 게 즐겁다는 태도를 취하는 게 문제리라. 나도, 사이좋게 지내고 싶어 할 거라고, 상대방은 분명 그렇게 생각하겠지. 그러니 이렇게 혼신의 힘을 다해서 신경을 써주는 것이리라. 애초에 차갑게 대하며 상처를 주는 편이 나았을까 싶지만, 그런 일이 가능할 리 없다. 상대방이 바라면 어디까지나 '사이좋게' 지내야 하는 게 인간관계인 것 같아 소름이 끼친다.

어느새 프렌들리가 절대적 정의가 되었다. 학교 다닐 때는 '사이좋게 지내야 하는 건 지금뿐'이라고 믿었지만, 지금도 어느 정도 '마음을 터놓을' 필요가 있다. 인간과 인간은 영원히 서로 관계하며 살아야 한다는 말을 듣는 게 괴롭다. 어쩌면 좋을까. "말투를 조금만 바꿔도 이만큼이나 인상이 좋아져요" 같은 말을 들으면 '말투를 조금만 바꿔도 상대방에 대한 인상을 휙휙 바꾸는 게 더 이상한 거 아닌가' 하는 생각에는 여전히 변함이 없다. 오히려 더 완고해진 것 같다.

혼자서 살아갈 수 있을 거라는 생각이 든다. 반에서 미움받기보다는, 사회에서 미움받는 게 훨씬 낫다. 말하기 좋아하는 척 연기하는 게 사실은 너무 어색해서, 모두에게 "너 우리 안 좋아하지?" 하고 들킨 적도 있다. 분위기 잡치는 말만 해댄 게 뻔하다. 눈치를 못 챌 뿐이지. 그 자리의 분위기에 헌신적이지 못하다. 사람들이 요구하는 말이 입에서 나오지 않고, 그렇게 '입 다무는 게 나은 사람'으로 살아가고 있다. 하지만 그래도 입을 다물 수가 없습니다. 아무 대답도 하지 않는 건, 말을 건 사람에게 크게 상처 준다고 나는 여전히 믿고 있기에. 적어도 실례가 되지는 않기를 바라며 대답을 하고 수다를 떤다. 잘하고 싶다고 필사적으로 생각하며 반복한다. 모두를 좋아할 수 있게 된다면 좋을 텐데. 사이좋게 지내고 싶다고 진심으로 생각하면 다 해결될 텐데. 하지만 그게 안된다. 그게 안 돼. 그러니 나는 말하기 좋아하는 척을 한다. 그것은 작은 행복을 위한, 나의 아슬아슬한 타협이었다. 하지만 요즘 들어 조금 알게 되었다. 다른 사람들도 그렇게까지 사이좋게 지내고 싶다는 생각은, 별로 안 하는 게 아닐까?

　기회가 될 때마다 친구를 늘리고 싶은 사람이 얼마나 될까? 학교에서 살아남기 위해 누구 하나 친구를 만들어두자는 마음은 이해하지만, 이토록 무수한 사람들이 빼곡하게 살아가는 사회에서 '마음을 터놓는 친구를 늘리자'라고 진심으로 생각하는 사람, 있기는 할까? 없지 않을까? 친근하게 말을 걸고, 거리를 좁히기 위해 이런저런 말을 던지지만 그렇게까지 꼭 이 사람이어야 한다고는 생각하지 않는다. 사회라는 거대한 파도를 타기 위해 사교적으로 지낼 뿐이다. '이 사람이 아니면 안 된다' 같은 생각은 하지 않는다. 첫 만남이라면 상대가 어떤 인간인지는 상관없이, 누구에게나 우호적인 게 중요하다. 마음을 열고 전부 다 보여주는 짓을 하지 않고도 되게 많은 사람과 '사이좋게' 지내는 것이다. 아아, 나 혼자 폐를 끼쳤네, 싶겠지만, 다들 경계하고 있네요. 경계한 끝에, 평온을 찾을 방법을, 사교술로 찾아낸 거로군요.

　이건 오해인지도 모른다.

　나의 편견인지도 모른다.

다들 매일 엄청나게 마음을 열고 교류하고 있는지도 모르고, 나 편하자고 하는 상상인지도 모른다. 하지만 '사이좋게' 지내는 일이 결코 '마음을 다 드러내는' 일은 아니라는 사실은, 확실하다고 지금은 생각한다. 나는 떨고 있다, 누가 내게 말을 걸까 봐. 내가 누군가의 흥미를 자극할까 봐 떨고 있다. 하지만 내게 흥미를 가진 사람은 아무도 없었을지도 몰라!!! 나에게!!!!! 하고 지금 깨달았다. 그게 외롭다고 생각한다면, 이번 생도 아직 바꿀 기회가 있을지도 모른다. 하지만 현실은, 무척, 대단히, 안심하고 있는 나입니다.

모든 일은 갑자기 벌어진다

　엄청나게 좋아하는 것을 발견했을 때, 내가 '이제 막 이것을 좋아하게 되었다는 데'에 남몰래 상처받는다. 누구에게나 어느 날 갑자기 이런 일이 벌어진다는 것을 알고 있지만, 그래도 나보다 먼저 그걸 안 사람이 있고, 오래전부터 응원해온 사람이 있어서, 내가 알지도 못하는 과거가 이미 산더미처럼 쌓여 있다는 사실에 괴로워진다.

　대체로 나는 뭔가를 깨닫는 게 느리다. 처음으로 좋아하게 된 밴드는 이미 해체한 뒤였고, 분명 가까이 있던 만화를 좋아하게 된 것도 어른이 되고 나서였다. 그런 일이 반복되니 늘 후회만 하고 있다. 어째서 좀 더 일찍 깨닫지 못했을까. 그런 생각에 옛날 영상과 음원을 긁어모으듯 흡수하지만, 그래도 항상 무언가가 부족하다. 무언가를 크게 잃어버린다.

할 수만 있다면 어릴 때부터 좋아하고 싶었다. 태어나기 전부터 좋아하고 싶었다. 처음부터 좋아하고 싶었고, 그건 아마도 좋아하는 대상을 전부 다 알고 싶다는 마음이 아니라, 그저 내가 몰랐던 시간을 용서할 수 없을 뿐이라는 사실도 깨닫고 있다.

요즘 다카라즈카*를 좋아하게 되었다. 다카라즈카에 대해 알면 알수록 어째서 이제껏 제대로 보지 않았을까 후회가 된다. 보고 싶은 무대는 벌써 끝나버렸다. 내가 모르는 사이에 수많은 무대가 끝나버렸다. 좋아하게 되자마자 "무대는 라이브로 보지 않으면 의미가 없어어어어어어아아아아아아아!" 하고 머리를 쥐어뜯는 지경이 되었다. 이미 돌이킬 수가 없다.

★ 여성 단원으로만 이루어진 가극단으로 효고현 다카라즈카시의 다카라즈카 음악무용학교에서 양성한 배우들이 남녀 역할을 맡아 공연한다.

다 끝나버렸다.

남은 건 후회뿐이고, 좋아하게 되어서 행복해야 하는데 불행한 표정만 짓고 있다. 너무 좋아. 진짜 훌륭해. 그럴 때마다 이런 생각밖에 들지 않는다. '지금까지 난 뭐 하고 살았지?' 그래봐야 아무 소용없는 일이란 걸 알면서도, 산다는 건 훌륭한 일이고 건강한 게 최고지만, 과거의 내가 이토록 좋은 것을 깨닫지 못하고 멍하니 살아온 걸 생각하면, 이 녀석 바보 아니야? 하고 말해주고 싶다. 내가 아주 큰 실패를 했다는 걸 인정하지 않을 수 없다.

실패를 두려워만 하는 인생이었다. 행복해지고 싶다고 음악이나 텔레비전 속에서 다들 이야기하지만 너무 추상적이라 이해가 가지 않았다. 잘 모르는 행복이 갑자기 인터폰을 누르는 것보다는, 무서운 일이나 불행이 일어나지 않는 편이 낫다고 여겼다. 불운만 찾아오지 않으면 된다고 여겼다. 불안과 불만으로 가득 차 있었고, 마이너스가 0이 되는 것만 기대하고 있었다. 그것이 부정적이라거나 걱정 많은 성격이라는 것도 납득이 가지 않았다. 마이너스가 0이 되는 것을 행복이라고 생각했다. 그것도 너무 큰 바람이라고 여겼다.

하지만 좋아하는 것이 생겼을 때, 나는 갑자기 앞으로 꼬꾸라졌다. 이제껏 생각지도 못한 감각이었고, '마이너스' 따위 없이 갑자기 흡족한 감각이었다. 굶주림도 부족함도 느끼지 못한 채, 그저 불현듯 새로운 세포가 몸속에 나타나 그 순간부터 만족스러웠다. 당혹감, 하지만 지금까지 아무것도 눈치채지 못한 것만으로도, 혹시 나는 맹렬히 굶주리고 있었던 게 아닐까 싶어 불안했다. 오래전 내가 실패한 것처럼 느껴지는 착각이었다.

하지만 지금이 최고가 아닐까? 하고 생각하는 내가 존재하고, 과거의 나는 변함없이 덜렁대며 과거 속에 산다. 아무리 다시 시작해도 지금 이 순간까지 나는 다카라즈카를 모른 채 지나쳐왔으리라. 그러니 후회하고, 그러니 실패했다고 생각한다. 불안은 어디에도 없었는데, 최고의 행복을 얻고 나니, "응? 이대로 괜찮나?" 하고 말할 뿐인, 그저 그뿐인 후회다.

엄청나게 좋아하는 것을 발견했을 때, 내가 '이제 막 좋아하게 되었다는 데'에 남몰래 상처받는다. 그것도 일종의 행복이 아닐까. 요즘은 종종 그런 생각이 든다.

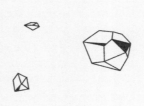

나는,
바보가
아니야

똑똑하다는 건 뭘까. 잘 모르는 가전제품을 살 때마다 아주 싼 제품과 가격이 꽤 나가는 제품이 있으면, 아무래도 비싼 게 낫지 않을까 하는 생각이 들어서 결국은 비싼 걸 사게 된다. "바보 같은 짓을 했네." 그런 소리를 들으면, "그렇지, 바보 같지" 하지만, 그래도 어째서 가전제품 같은 걸로 골치를 썩여야 하나 싶다. 이것저것 찾아보고 저렴하면서도 필요한 기능을 갖춘 것을 고르고 어쩌고저쩌고 하는 건 정말로 귀찮다. 그래서 늘 돈이 부족했고, 사고 난 뒤에 쓸데없이 좋은 걸 샀다고 깨닫고는 후회한 적도 있지만, 그래도. 싸고 좋은 물건을 찾는 일은 무척이나 멋진 일이고, 세련된 요즘 스타일에 엄청 똑똑한 행위라고 생각하지만, 그래도 역시 귀찮다. 바보 같은 짓을 하네. 그런 소릴 들어도 응? 내가 너한테 피해를 준 거라도? 라고 말하고 싶은 기분이다.

응, 나는 바보야. 그렇게 말할 수 있는 인간이었어야 했나.

그게 안 되는 건, 내가 나를 바보가 아니라고 믿고 있기 때문일까. 잘 모르겠다. 바보라고 인정하는 게 두려웠다. 바보 소리를 듣는 건 정말로 괴롭다. 나는 바보가 아니니까. 그리고 이런 거만함이 나를 괴롭게 만든다면 하는 수 없다고도 생각했다. 적어도 "이 녀석은 자기가 똑똑하다고 생각하는군?" 하는 말은 듣지 않도록 살아야 한다. 나는 엄청나게 바보 같은 짓을 많이 하고, 바보 같은 짓을 해도 좋다고 생각할 때도 있지만, 나라는 인간이 바보는 아니다, 그렇게 생각하고 싶었다. 견디기 힘들다. 글을 쓰고 있는 지금도, 괴롭다. 참회하는 기분으로 이 글을 쓴다. 하지만 곰곰이 생각해보면, '나는 바보가 아니다'라고 생각하는 어느 부분이 거만한지 잘 모르겠다. 이런 일, 경멸받는 게 아닐까? 생각했으면서, 어째서 사람들이 그걸 경멸하는지 아무리 생각해도 잘 모르겠다. 우선 남을 모욕하는 말은 마음에 새길 필요가 없지 않을까? 나도 조금은 수긍을 했다 해도, 말이 모욕이 된 이상 받아들일 의무는 없다. 그건 이미 대화가 아니니까.

여기까지 쓰고 생각하니, 어째서 바보라는 말이 모욕으로 작동하는지 모르겠다. 똑똑하다는 게 그렇게 대단할까. 남을 경멸해도 좋을 만큼? 똑똑하다는 게 대단하다는 건 유년기에나 통용되는 게 아닐까? "너는 바보다"라는 말의 뒷면에는 "나는 똑똑해"가 숨어 있다. 하지만 그걸 말한다 해서 세상이 받아주지는 않는다. 똑똑하다는 말을 들어도 그다지 기분이 좋지는 않다. 예를 들어 "그렇구나, 똑똑하네요" 하고 믿어준다 해도, "그럼 이 적자를 메울 방법을 찾아주세요"라거나 "아이폰을 뛰어넘는 신제품 아이디어를 내주세요" 하는 의뢰를 받을 뿐이고, 칭찬받을 일은 아니다. 칭찬받는 건 의뢰를 잘 달성하여 실적이 생겼을 때다. 아무것도 달성하지 못하는 똑똑함도 이 세상에 많다. 나는 대학에서 똑똑하다고 생각하는 사람을 많이 만났지만, 사실은 '무익한 똑똑함'이었던 것 같다. 그래도 좋다고 생각한다. 그래도 좋다고 생각하는 사람이 많았다고도 생각한다. 세상을 위해 이 똑똑함을 발휘하고 싶다. 그런 것도 물론 가능하지만, 그래도, 그 사람의 인생은 그 사람만의 것이니까. 똑똑함도 본래는 그 사람만의 것이니까. 누군가를 위해 발휘한다는 것은 진정한 의미의 진짜 '헌신'이다. 그걸 강요하는 것은 이상한 일이다. 타인에게 '무익'한 것이 자연스럽다. 이렇게 받아들이는 일이 그 사람을 존중하는 게 아닐까.

사실 나는 '똑똑함'이 좋다. 인간의 번뜩임은 그걸 목격하는 인간의 눈동자로도 전염된다. 자기 머릿속에 있었던, 아직 쓰지 않은 신경을 튀기는 듯한 발상과 해석과 기교를 나는 바라고 존경한다. 그것이 나를 위한 것, 세상을 위한 것이 아니어도 좋다. 그 사람이 그저 그 번뜩임의 기쁨에 젖을 수 있다면, 그걸로 족하다. 사실은 쓸데없이 칭찬할 일도 아니다. 결과는 아무래도 좋고 거기서 가치를 느끼지도 않는다. 다만 그 사람이 그 사람의 몸에, 상상으로 마음으로, 발상에 사고회로에, 정직하고 곧고 성실한 것이 아름다울 테니.

그런 사람이 되고 싶다. 되고 싶다고 생각하며 살아왔다. 그렇기에 바보라는 소리에 상처 입었다. 그것은 내가 꿈꾸던 것과 "너는 거리가 멀다"고 말하는 것처럼 들렸기 때문이다. 하지만 '바보'라는 말을 근거로 두는 '똑똑함'에, 내가 꿈꾸는 번뜩임은 없다. 그저 스펙으로서, 타자와 비교하기 위한 수치로서 끌려 나온 '똑똑함'에는 자유로움도, 여유도, 아름다움도 없다.

똑똑함은 언제나 자신이 마음 편하게 즐길 수 있을 때에만 존재한다는 걸, 똑똑한 사람들은 알고 있는 게 아닐까. 똑똑함 그 자체가 매력으로 비칠 때, 그 사람은 그 사람을 위해서만 그 순간 존재한다는 느낌이 든다. 결과적으로는 세계를 바꾸는 일이 되었다고 해도, 그 사람의 번뜩임을 최전선에서 느끼고, 그 선명함에 진심으로 전율하는 것은 그 사람 자신이다.

한 사람의 인간으로서, 사고로서, 시냅스로서 존재의 쾌락에 중심을 둔, 어디까지나 정직한 에너지 그 자체가 나는 되고 싶다. 그런 인간을 동경한다. 그러니 '바보'라는 소리에 상처받는다. 나는 바보가 아니라고 생각했다. 그런 논리 안에 있는 '똑똑함'은 내가 동경하는 것이 아니다. 바보라는 게 없는 기준의 똑똑함이 아름다운 것이다. 세상을 관통하는 불꽃이 되자.

오랜만에 가는 휴가에 너 같은 바보랑 나가는 내 마음 상상해본 적 있어?

흠.

마작 점수도 계산할 수 있어.

바보 아니야…. 길 안내도 할 수 있고….

앗!

근데 그 가게 도넛은 진짜 맛있다고.

바보와 함께하는 대낮 이로구나….

지난주까지 저기 가게가 있었는데

주차장이 됐네….

부디 내 편이 생기지 않기를

나는 '내 편'이라는 존재가 무섭다.

"우리가 너의 편이 되어줄게!"라며 어느 집단이 나를 보호해주는 것도 무섭고, 적대적인 사람들이 자기편을 끌어들여 나를 공격해오는 것도 무섭다. 자기가 옳다고 믿어 의심치 않는 타인이란, 전혀 믿음직스럽지 않다. 아주 많이 두렵고 섬뜩하다.

나는 나니까 내 편을 들지만, 당신은 내가 아니고, 당신이 아닌 인간을 너무 믿지 않는 게 좋다. 믿는다는 것은 이상한 일이다. 본인이 본인이라는 이유 말고 달리 누군가를 믿는 이유를 잘 모르겠다. 그건 교우관계가 아니다. 사랑도 아니다. 친구니까 믿자, 친구니까 편을 들자, 그런 분위기가 당연하다는 듯이 교실에 있었지만, 논리적으로는 이해가 되지 않았다. 내게는 어떤 민간신앙처럼 느껴졌다.

타인은 타인이며, 믿을 수 없는 구석이 분명 있다. 하지만 우정을 시험하는 짓은 하고 싶지 않다고나 할까, 우정은 신용으로 잴 수 있는 게 아니다. 종류가 다르다. 어떤 사람과 친해지고 마음이 맞고 이런저런 상담을 할 수 있어서 시간을 함께 보내지만, 그래도 돈은 빌려주지 않는다. 이거 중요하지. 이것저것 전부 다 편을 들지는 않는다. 이것도 중요해. 당연한 일이지.

그래도, 나는 결코 차가운 인간이 아니다.

내가 편을 드는 사람이 한 사람이라도 생긴다면, 나는 나를 용서할 수 없게 된다. 완전한 정의를 유지하지 못하는 나를 용서할 수 없을 테다. 이중 잣대, 용서할 수 없다. 늦은 대답, 메시지 무시, 인사 안 함, 전부 다 용서할 수 없다. 편을 드는 사람이 생기는 한, 나는 그 사람을 배신할 수 없고, 그 사람이 나에게 무엇을 기대하는지, 나도 그 사람도 진짜 이유를 알지 못하게 된다. 윤리와 도덕과 상식을 올바로 관철하며 '배신하지 않는 사람'이라는 것을 몸소 실천하는 수밖에 없다.

하지만 말이지, 세상 사람들은 아무도 그런 걸 기대하지 않아. 다들 자기 상황에 적합한 이상을 꿈꾸며 모두가 자기 편이 되어주기를 바라지. 네가 나한테 그럴 줄은 몰랐다며 씩씩거린다. 순교할 각오로 임한다고 "당신은 정의를 배신하지 않았다, 훌륭하다"며 칭송받지도 못하고, 마침내는 논리적이지 않은 기준에 의해 "이런 배신자!"라는 소리를 들을 것만 같은 공포, 당신은 알까? 그래서 나는 어떻게든 남들이 나를 '이 녀석은 해로운 존재다, 경계해야 해' 하고 생각하게 만든다. 인간으로 남고 싶기 때문이다. 거룩한 무언가가 죽더라도 어쩔 수 없다.

그러나 정면으로 달려들어야 하는 적이 되고 싶은 건 아니다. 다들 대체로 제정신이 아니니까, 각자 느끼는 분노나 슬픔은 제각각이고, 제대로 된 인간은 별로 없다. 누군가의 정반대편에서 악을 연기한다는 것도 그건 그것대로 불가능한 이야기다. 적대세력한테까지 달려들지는 못한다. 그러니 대충 '저 녀석 좀 이상하군. 같은 편만큼은 되지 말자' 정도가 되면 좋겠다. 모두가 싫어하는 아이를 특별히 좋아하지도 않으면서 두둔해준다거나, 모두가 좋아하는 것을 잘 알지도 못하면서 맞장구친다거나. 나도 그랬던 적이 있고, 분명 그런 시절을 지나왔다. 하지만 그것은 나의 개성도 가치관도 성격도 아니다. 그것은 오히려 세계가 나에게 강요하는 '행동'이다. 나의 사상은 그곳에 없고, 나의 취향과도 관계가 없다.

나는 늘 무언가에 쫓겨서, 동남쪽으로 갔다가 북서쪽으로 간다. 그러면 남들은 나를 동남쪽 사람이라거나 북서쪽 사람이라고 불렀다. 상냥한 사람이라거나, 불가사의한 사람이라거나, 뻔뻔한 녀석이라거나. 하지만 그건 세계가 그렇게 만들 뿐이다. 항상 세계가 먼저 선택했고, 나는 남은 쪽을 골랐다. 인간의 진짜 얼굴은, 그 사람 말고 다른 사람들은 결코 알 수 없다고, 나는 꽤 진심으로 생각한다.

상냥하기를 단념하다

언제부터인가, 사랑해서 상냥하게 대해주는 건 아니라는 걸 알았다. 그런 탓에 누가 나에게 상냥하게 대하면 당황한 다. 그 사랑이라는 것도 오직 단 한 사람의 인간으로 뽑히고 싶은 게 아니라, 얕은 바다처럼 적당히 호의를 품어주기를 바라는 정도였는데. 어렸을 때는 그랬다. 그랬다고 믿고 있 다. 좋아한다는 감정이 사회나 관계성에 꼭 필요하다는 발상 이 거북하다. 나는 무책임하고 근거 없이, 그냥 슬쩍 바라보 며 미소 짓는 정도의 좋아하는 감정을 원한다. 상냥하게 대해주는 것도 예의일 뿐이고, 좋아하는 것과는 다르다. 더 많은 걸 기대하면 상대방은 스윽 손을 빼며, 아니, 아니야, 그정도는 아니었어, 라며 부정하리라. 그때의 분위기가 무섭다. 하지만 누군가의 상냥함에, "고마워" 하고 예의 바른 인사는 할 수 있을 만큼, 나는 인간을 포기하지 않았다. 사람을 대할 때면, 좋고 싫고를 고르고 싶어진다. 그리고 나는, 좋아하는 사람들만 만나며 살고 싶다. 어린이 런치 세트 같은 세계관으로 아직도 숨 쉬고 있다. 진심으로 좋아하거나 싫어할 마음은 없고, 그런 게 기분 나쁘지만, 나의 말이나 행동을 호의적으로 해석해주는 사람이 있으면 좋겠다. 솔직히. 물론 당당하게 할 수 있는 말은 아니다. 그래서 나는 상냥함 앞에서 당황하는 걸 필사적으로 숨기며 살고 있다.

상냥하기를 단념했다. 나는 상냥한 사람이 될 수 없다고, 이미 오래전에 포기했다. 상냥하게 대해주는 사람을 동경하는 일도 이젠 없다. 옛날에는 같은 반에 상냥한 아이가 있으면 그게 누구든 동경했다. 그 아이가 나를 상냥하게 대해줄 때마다 죽고 싶었다. 나를 좋아해서 그러는 거라고, 어느새 기대하게 되었다. 상냥함과 관계없이, 그저 나를 약간 좋아해주는 사람이 있다는 게 기뻤다는 것도 안다. 친절하게 대해주는 것도, 그저 그 상황을 넘기기 위함이다. 친절은 어떤 상황의 문제를 해결하기 위해 발휘된다. 일시적인 것이고, 기억에서도 사라진다. 하지만 그 아이가 나를 좋아하는지도 모른다는 기대만큼은 남는다. 나도 그 아이가 조금 좋아진다. 사랑받음으로써, 나도 조금은 괜찮은 인간일지도 모른다는 자신감이 생긴다. 곧 사랑받고 어쩌고 하는 기분이 나의 착각이었다는 걸 깨닫고, 혼자 조용히 상처받지만.

　누구에게나 상냥한 사람이, 누구를 좋아하는지는 알 수 없다. 누구에게나 상냥하다는 건, 좋아하는 마음과 상냥함이 직결되지 않았다는 뜻이니까. 나는, 그녀들에게 사랑받고 있다는 실감 따위 영원히 얻지 못하리라. 그녀들의 상냥함은 내가 아는 상냥함과는 다른 것이었다. 대단했고, 무서웠다. 나를 상냥하게 대해줄 때마다, 나를 긍정하는 듯한 약간의 평온함을 느꼈다. 그렇기에 상냥함이란 기쁜 거구나, 좋은 거라고 느꼈지만. 그녀의 상냥함에 '좋아해'는 없었다. '긍정'

이 아니었다. 그렇다면 나는 무엇을 받은 것일까. 지금도 변함없이, 모두에게 상냥한 건 훌륭한 일이라고 생각한다. 그런 사람이 많은 사람을 구원할 수 있다는 것도 알고 있다. 하지만 나는 당혹스러워서 상냥함을 순순히 받아들이지 못한다. 그걸 행복이라고 말하지 못하겠다. '고마워'라고, 마음에도 없는 인사를 해야 할까. 그녀들의 상냥함에 감동한 척하며 지내는 수밖에 없다. 그런 짓을 한다면, 나는 나의 당혹감과 괴로움마저 믿지 못하는 게 아닐까.

그래서 지금도 기대한다. 설령 나중에 실망을 한대도, 창피한 꼴을 당한대도, 상냥함을 마주할 때마다 조금은 사랑받고 있을까 하는 기대를 여전히 가져본다. 그 사람이 아무리, 누구에게나 상냥하고, 누구에게나 공평하다 해도. 기대하고, 진심으로 기뻐하며 "고마워"라고 말하게 된다.

나는 전부터 쭉, 상냥하기를 단념하고 있다. 그들의 상냥함을 있는 그대로 받아들이면서도, 기뻐하는 일을 포기하고 있다. 미안해, 멋대로 기대해서. 하지만 나중에 혼자서 제대로 상처받을 거야. 상냥하게 대해줘서, 고마워.

응?

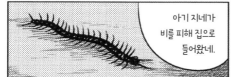

아기 지네가
비를 피해 집으로
들어왔네.

우와,
비가
쏟아지네.

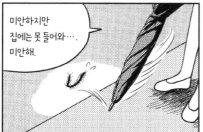

미안하지만
집에는 못 들어와….
미안해.

예전에
지네한테
물려서 엄청
고생한 적이
있어.

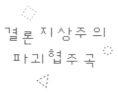

결론 지상주의 파괴 협주곡

아티스트나 작가의 인터뷰나 전기, 말하자면 작품과 상관없는 에피소드를 볼 때마다, 내가 너무 평범하다는 생각이 들어서 의기소침해지는 고교 시절이었다. 그 사람들이 놀라운 일을 해서가 아니라, 스스로 생각하고, 스스로 결정하는 인생이 일관되게 보였기 때문이다. 이 사람은 무슨 가치든 자기 눈으로 재겠구나. 남이 써놓은 리뷰를 보고 멀리까지 라멘을 먹으러 가거나 하지는 않겠지, 하는 생각에 풀이 죽었다.

놀라운 일을 한 건 결과일 뿐이고, 그것을 놀랍다고 생각하는 것은 결과밖에 보지 않기 때문이다. 오히려 언제든 '보통'의 선택지를 고르는 사람이 더 이상하다. 스스로 판단한 결과, 자기가 보기엔 이게 맞고 저게 틀리다 싶어서 어떤 선택을 했는데, 다른 사람들이 "왜 저런 선택을 하지?" 하고 의아하게 여기는 행동을 하는 사람이야말로 정직하다. 그 사람이 다른 누구도 아닌 그 사람임을 증명한다. 나는, 오히려 내가 거짓말쟁이 같다는 기분이 들었다.

리뷰를 참고로 하는 것도 라멘을 먹으러 멀리까지 원정을 가는 것도 전혀 이상할 일이 아니고, 지금 생각하면 아티스트나 작가도, 인터뷰에서 할 말이 아니니까 안 했을 뿐, 사소한 일상에서는 그러기도 할 거라고 생각한다. 자기 혼자 모든 것을 결정하는 것도 불가능하고, 편견과 착각과 어디서 많이 본 가치관을, 마치 자기 것인 양 믿어버리는 것도 누구나 빠지는 현상이다. 거기서 벗어날 때조차, 먼저 벗어났던 위인이나 존경하는 사람 뒤를 따라가는 경우가 많다. 자기 혼자 생각하는 데도 한계가 있다. 혼자 생각해도 모르는 것이 많으니까, 여러 사람의 목소리를 듣고 자기가 믿는 것을 발견하는 게 중요한지도 모른다. 틀린 건 아니다. 하지만 그런 거, 멋없잖아. 그때는 그렇게 생각했다.

이 세상에 옳음 따위 없고, 틀림밖에 없으며, 아무도 상처 주지 않는 선택의 길은 없다. 믿은 것은 자기 자신이며, 타인은 그러지 않았기 때문에, "난 이걸 믿어"라고 하는 주장이 폭력으로 변하는 일도 있으리라. 그럴 때 "그야 보통 다 그러니까", "이게 옳으니까"라고 주장하는 건 엄청 촌스럽다고 생각한다. "이게 옳으니까"라고 하는 건, 그 결론에 도달하기까지 무엇을 생각하고 고려했는지를 스스로 알지 못하기 때문에 할 수 있는 말이 아닐까. 스스로 결론을 도출하는 것이 자기 자아라고 생각하지 못하기 때문은 아닐까. 인간이 카드 게임도 아니고, 그 자리에서 내던지는 결론에 가치가 있을 리 없고, 실은 거기 가기까지의 과정이야말로 소중하다. 스스로 납득이 되어야 한다. 그렇지 않으면 반론을 요구받을 때, 결론의 아름다움과 올바름과 성실함으로 반론하려 든다. 그건 집에 가는 길에 아름다운 꽃을 발견한 사람이 이기는 꼴이나 마찬가지다. 꽃은 아름답고 분명 훌륭하지만, 그걸 발견한 사람에게 대단하다고 하지는 않는다. 아름답네요, 하고 다 같이 기뻐하며, 결국은 아무도 그 꽃이 되지는 못함을 깨닫는다.

비유가 되어버렸네.

내 안에 타인에게서 빌려온 선입견과 사상이 얼마나 많은지를, 아티스트의 인터뷰를 읽을 때마다 깨달았다. 빌려온 생각은 옳고 아름답겠지만, 그걸 타인에게 계속 부정당해도 태연할 수 있을까? 빌려온 생각을 지키느라 외톨이가 되어도 좋은가? 아티스트는 자신이 발견한 답에 흔들리는 법이 없다. 이상하다거나 별나다거나, "어째서요?"라는 질문을 들어도 "응? 왜라니 왜?"라는 태도가 있다. 지지자가 있으니까, 유명하니까 그런 게 아니라, 그 정도로 오래 생각해왔기 때문이리라. 질문하는 사람은 결론밖에 보지 않지만, 그래도 대답하는 사람은 그 답에 도달하는 과정을 보고 있다. 결론이 이상하다고 부정당해도 큰 의미가 없다. 그들은 그저 그 결론에 도달할 때까지 살아온 자신과, 그 장소에 있을 뿐. 타자로부터 부정당한다 해도, 그 사람은 그 사람으로서밖에 살 수 없다. 당연한 말이지만. 하지만 그것이 가능한 인간은 아주 드물다.

　이중 잣대라는 말이 있다. 나는 이 말을 별로 좋아하지는 않는다. 인간은 변하기 마련이고, 잣대 같은 거, 하나도 갖추지 못한 인간이 더 많다. 이중이든 삼중이든 스스로 자기 기준을 만들고, 스스로 변용시킬 수 있는 사람이 멋있다. 아니 멋있다기보다 그것이야말로 진정으로 '사는 것'이다. 나는 살고 싶었다, 인터뷰를 하는 일은 영원히 없겠지만, 결론만을 갖는 게 아니라, 내가 살아온 시절의 사고 회로로서 순간순간을 맞이하는 인간이 되기를 바랐다. 10대 때.

언어화
◇ 중독 ∞∞

    어렸을 때, 뭔가 기분 나쁜데? 라고 생각하면 대체로 틀림이 없었다. 뭐가 어떻게 기분 나쁜지는 설명하기 어려웠지만, 예를 들어 어째서 작가의 얼굴을 작품보다 전면에 드러낼까? 기분 나쁘네, 하는 생각을 특히 많이 했었다. 그 불쾌감을 설명할 수 있게 된 건 어른이 되고 난 뒤다. 기분 나쁨을 '기분 나쁘다'라고 말할 수 있었던 것은, 나보다 순도가 높은 인간은 없다고 믿었기 때문일 수도 있고, 또 어른은 10대라는 것을 멋대로 두려워하기 때문이기도 하다. 10대가 "기분 나빠"

라거나 "이상해"라고 말하는 것을 어른들은 두려워하니까. 그런 이유도 있으리라. 나는 언어화하지 않아도 내가 느끼는 불쾌감을 굳게 믿을 수 있었다. 지금까지는. 지금까지도?

기분 나쁘다고 생각하는 일은 지금도 많지만, 이제 어른이 된 이상 "그냥 싫어요" 하고 거절하기는 어려워졌다. 또 그것들을 재빨리 언어화하는 일은 나의 일로서도 중요했다. 언어로 표현할 길 없던 감각이나 읽기 전에는 깨닫지 못했던 가치관을, 나의 글을 읽음으로서 깨닫게 되었다는 감상을 들으면 물론 기쁘다. 인간 안에 있는 감정을 언어화하니 언어도 혈색이 좋아진다. 이건 진짜다. 하지만 언어화하지 않더라도, "그건 기분 나빠, 이상해, 그걸 괜찮다고 하는 인간은 위험해, 그냥 위험해, 어, 모르겠어? 왜? 너 괜찮아? 다 잊어버린 거야?" 같은 말을 하던 카리스마 넘치는 나는 이미 없다. 그건 그저 유치했던 것일까, 정말로? 세상에 친절하지는 않았지만 유치하지는 않았었는데. 진짜 유치한 것은, 불쾌감이나 위화감에 설명을 요구하는 세상이 아닐까. 세상치고는 너무 미숙하다. 그 시절의 나는, 가장 좋은 어른이었다.

기분이 나쁘다, 그걸로 괜찮다. 이건 이상해, 그걸로 괜찮다. 이상한 일이 일어나고 있다면, 그 '이상한 일'이야말로 발언을 시작해야 하는 일이다. 그 무렵 나는 순도가 너무 높았다. 인간으로서 그랬는지는 모르겠지만 '나 자신으로서'는 100퍼센트였다. 나는 나를 위해 감성을 풀 회전시키며 세상을 향해 나아가고 있었다. 그것을 미숙하다고 하는 것은 패배라고 생각한다. 옛날의 내가 그런 나를 본다면 피눈물을 흘리며, "용서할 수 없어!"라고 외치리라.

나는 나를 위해 감성을 풀 회전시키면서도, 그것을 써나가고자 한다. 이것은 욕망에 따른 것이다. '쓴다'는 행위가 좋아서, '살자'는 행위보다 우선시하게 되었다. 내가 세상을 향해 반항하고자 하는 그 태도를 쓰고, 세계의 입구인 언어로 표현하고자 한다면, 나에게 세상은 귀찮은 일이다. 하지만 그런 부분에야말로 기쁨이 있는지도 모른다. 인간은 거기에서 도망칠 수 없다.

언어란 순수한 것이다. 하지만 언어로 하는 행위가, 나를 나로 두지 않는 것도 사실이다. 그것을 '기분 나쁘다'고만 생각하는 일이 나에게는 '생명줄'인 게 아닐까.

다시, 마감이 온다.

나오며

    나 자신이 완벽한 인간이 아니라는 사실에, 실은 지금도
놀라고 있다. 내게 결점이 있다니, 결함이 있다니, 이런 것도
할 줄 모른다니. 그렇게 작아지고만 있다. 부끄러운 일이다.
자기가 완벽한 줄 알고 우쭐거리네. 이런 말을 들을 것만 같
아 쭉 숨겨왔지만, 얼마든지 미래를 손에 넣을 듯한 예감에
아침을 맞이하고, 먹고 싶은 것을 먹고, 아름다운 꽃을 보고,
계절은 반드시 돌고 돌며, 푸른 하늘은 아무리 높은 빌딩에
올라가도 저 멀리 떠 있는, 그런 세상에 좋아하는 것들이 몇

가지나 있는데, 이런 내가 완벽하다고 생각하지 않는 게 오히려 더 비굴하지 않은가.

완벽함을 품고서 상처받으니까 괴로운 것이다. 실패하고, 못하는 건 산더미고, 사실은 전혀 완벽하지 않은 내가, 잘못된 것을 품고 있다는 착각이 든다. 하지만 사실은 나조차 나의 가치를 모른다. 완벽하다고 생각하는 순간, 무엇이 완벽한지 알 수 없었다. 다만 아름다움과 사랑스러움만큼은 그곳에 있음을 받아들일 수 있었다. 이 세상에 그런 것들이 있음에, 아직도 기뻐할 수 있다는 사실이 나에게는 중요했다. 어쩌면 완벽한 것은 내가 아니라, 세상의 어느 한 부분인지도 모른다. 그림과 노래, 아름다운 풍경, 그리고 누군가가 여기 있다는 것, 그 자체인지도 모른다. 이것을, 나의 중심에 두고 싶다. 살아 있는 동안에는.

콤플렉스 프리즘. 일부러 상처를 내어 불투명해진 나의 구석구석을 빛에 비춰본다. 어디에선가 찾아온, 막 태어난 빛이, 마치 마중 나온 것처럼 나의 눈동자를 꿰뚫고 있었다.

콤플렉스 프리즘

초판 1쇄 인쇄 2022년 1월 24일 **초판 1쇄 발행** 2022년 2월 9일

지은이 사이하테 타히
옮긴이 정수윤
펴낸이 이승현

편집2 본부장 박태근
스토리 독자 팀장 김소연
책임 편집 곽선희
공동 편집 김해지 이은정
디자인 김준영

펴낸곳 ㈜위즈덤하우스 **출판등록** 2000년 5월 23일 제13-1071호
주소 서울특별시 마포구 양화로 19 합정오피스빌딩 17층
전화 02) 2179-5600 **홈페이지** www.wisdomhouse.co.kr

ISBN 979-11-6812-188-1 03830